Elogios para

¡Soñar en GRANDE!

"*¡Soñar en GRANDE!* puede ayudarte a imaginar las posibilidades y a hacer realidad tus sueños".

—*Donald J. Soderquist,*
Vice-Chairman Principal Jubilado, Wal-Mart Stores, Inc.

"Deborah usó resolución y tenacidad para abrirse camino y crear una vida exitosa. Ella es un poderoso ejemplo a seguir para las mujeres que ansían soñar en grande para alcanzar sus metas".

—*Andrea Jung,*
Presidenta y CEO, Avon Products, Inc.

"Escuchen los consejos y revelaciones de esta formidable latina acerca de los grandes secretos ocultos de la influencia, la sabiduría y la orientación que brindan nuestras mujeres. Este libro es un modelo para . . . crear un gran éxito en la carrera y los negocios".

—*Geraldo Rivera,*
corresponsal de NBC y anfitrión de Rivera Live

"Un libro del tipo 'no solamente para mujeres' que no sólo nos reta a triunfar, sino que también destruye todos esos aparentemente infranqueables obstáculos que interfieren en el camino hacia el logro de nuestros sueños. Un libro de lectura necesaria para cualquiera que ansíe hacer realidad sus sueños".

—*Raúl Yzaguirre,*
Presidente y CEO, Concejo Nacional de La Raza

¡Soñar en GRANDE!

Una guía para enfrentar los desafíos de la vida y crear la vida que te mereces

Deborah Rosado Shaw

Traducción al español de Omar Amador

Libros en Español
Publicado por Simon & Schuster
Nueva York Londres Toronto Sydney Singapur

SIMON & SCHUSTER

LIBROS EN ESPAÑOL

Rockefeller Center

1230 Avenue of the Americas

New York, NY 10020

Diseño por Brooke Zimmer Koven

PRODUCIDO POR K&N BOOKWORKS INC.

Hecho en los Estados Unidos de América

1 3 5 7 9 10 8 6 4 2

Datos de catalogación de la Biblioteca del Congreso

Rosado Shaw, Deborah.

[Dream big! Spanish]

Soñar en Grande! : una guía para enfrentar los desafíos de la vida y crear la
vida que te mereces / Deborah Rosado Shaw ; traducción al español Omar
Amador.

p. cm.

ISBN 0-7432-1945-7 (trade paperback)

1. Women—Psychology. 2. Women—Conduct of life. 3. Success.
4. Self-actualization (Psychology) I. Title: Guía para enfrentar los desafíos de la
vida y crear la vida que to mereces. II. Title.

HQ1206.R64818 2002

646.7'0082—dc21   2001050101

Este libro está dedicado a mis hijos:
Jason, Andrew y Matthew —
tres seres humanos increíbles que han enriquecido mi viaje
con tanto amor,
apoyo y alegría.
Y a mi hermano,
por enseñarme acerca del valor y del regalo que es la vida.

Contenido

Contenido

Contenido

Contenido

Introducción

Al abrir este libro estás admitiendo que tienes un sueño. Estás reconociendo al inquieto espíritu que está muy dentro de ti y que te empuja a ser más que una simple espectadora recostada en el asiento.

Tal vez tú has sido una estrella en tu profesión y ahora es tiempo de cambiarla, pero no estás segura de cómo hacerlo.

Tal vez has sido la gran simuladora, tratando de convencerte de que tu vida actual es todo lo que deberías llegar a tener.

Tal vez has estado tratando de olvidar tu deseo por medio de la comida o el trabajo, pero nada satisface el ansia de tener una vida llena de alegría y vitalidad.

Quizá has perdido el contacto con el secreto para tener una vida excitante: integridad... la integridad que comienza dentro de una, con ser honesta contigo misma acerca de quién eres y de lo que necesitas y quieres.

¿Claman dentro de tu cabeza miles de voces —las voces de tus familiares, de tus amigos, de la sociedad—, las voces de aquellos que tienen sus propias ideas de lo que constituye "una buena vida", y que están ansiosos por definir para ti un mundo ideal? ¿Son estos mensajes tan estrepitosos que ya no puedes oír la suave voz interior que susurra solamente para ti?

¿Estás detenida, atorada, vacilante? ¿Tienes ansias de comenzar tu viaje o cambiar tu destino, pero estás llena de temor? Y aun si lograras reunir el valor, ¿no sabes por dónde comenzar?

Yo he pasado por eso, avanzando a tientas como una ciega en la oscuridad. La realidad es que existe un "lubricante instantáneo" para la vida. Llegar a hacer realidad un sueño incluye meses de duda, épocas en las que la incertidumbre hace un golpeteo tan fuerte que no puedes oír tu voz interior. No existen respuestas en el exterior. Todas las respuestas están dentro de ti. Tú misma las creas para ti misma.

Tú ya tienes el valor, esos depósitos de reservas que nunca has aprovechado. Y dentro de estas páginas voy a compartir contigo algunos de mis descubrimientos personales y a darte una carta de navegación para que planees tu propio trayecto.

Pero el conocimiento conlleva responsabilidad. Con el descubrimiento de estos tesoros viene la necesidad de una decisión. Tienes que preguntarte: ¿qué es más doloroso: avanzar y tomar los riesgos necesarios, o quedarme donde estoy, enmascarando la verdad?

Considera lo siguiente: tú tienes un ardiente deseo porque tienes el *derecho* de tenerlo.

Considera que tu inquietud podría ser el único síntoma, y la cura, hacer realidad tu sueño.

Ya sea que quieras poner tu empresa en el mercado de acciones públicas, vender galletitas hechas en tu cocina, tomar ese nuevo empleo o comenzar un movimiento para cambiar el mundo, este libro es para ti.

Hoy día vivo una vida que nunca pude haber imaginado cuando crecía en el Bronx, pobre y sin poder, una chica mofletuda, con gafas y medio salvaje. Una chica que cortaba etiquetas elegantes de los vestidos en las tiendas de descuento y las cosía en sus ropas de segunda mano. Una niña que, a pesar de que todo el mundo alrededor le había dicho que

"No", soñaba con un mundo más grande lleno de posibilidades de "Sí".

Puede que yo sea una mujer que se ha superado por sí misma y Jefa Ejecutiva Principal (CEO) de mi propia empresa. Puede que haya elaborado y concluido negocios con algunas de las compañías más grandes del mundo. A los 38 años, puede que sea una millonaria que tal vez decida no volver a trabajar nunca más en su vida.

Pero también soy una combinación de todas las chicas de mi pasado, apiladas dentro de mí como muñequitas "katiuskas" rusas: la niña de cuatro años perdida en Harlem y luchando por encontrar su camino, la aterrorizada adolescente de la Escuela Secundaria Taft, del Bronx, que todos los días corría hacia la casa para evitar ser asaltada por las pandillas, la inocente estudiante del primer año del *college* Wellesley, cuya compañera de habitación no quería vivir con una muchacha del gueto.

La mujer que soy hoy día es el resultado de las experiencias de esas chicas: de sus retos, sus penas y sus victorias.

Como la mayoría de las mujeres, he aprendido acerca del éxito pasando trabajo, por mí misma. Hubo momentos en que no podía conciliar el sueño, preocupada por mis hijos, temblando sobre mis tacones altos frente a un público, y me sentía tan sola que, en bata de baño, me sentaba al borde de la bañera y lloraba a más no poder. He tenido que dar de bruces en el suelo con esta misma cara, forzarme a extender mis limitaciones y abandonar las imágenes que tenía en la mente acerca de las mujeres exitosas… imágenes que otras personas habían inculcado en mí.

Y aunque he definido y creado mi propio triunfo, todavía no he llegado al lugar donde todo es suave y fácil. No hay tal lugar, no mientras estés viva.

A veces, cuando estoy en un avión, volando para hablar en una conferencia, bajo la vista hacia mis elegantes zapatos y me doy cuenta de lo lejos que he llegado. Cuando crecía en el sur del Bronx, solía contemplar mis mocasines usados y maltratados, y soñaba con zapatos suaves y bonitos que me quedaran bien y que no me apretaran los dedos y no me hicieron ampollas en los talones.

Me crié en un barrio que estaba entre los más pobres del país, un sitio donde podían apuñalarte cuando ibas al baño durante la sesión de clases, o morir mientras dormías debido a que una bala perdida había atravesado tu pared. En ese entonces me consideraba dichosa de llegar viva a la casa cuando venía de la escuela. Los zapatos bonitos eran un lujo, algo que se adquiría sólo después de haber comprado la comida y pagado la calefacción. Pero eso no impedía que yo los deseara.

De niña, a menudo atravesaba el centro de Nueva York en el autobús y solía mirar fijamente las resplandecientes vidrieras de las tiendas por departamentos. Contemplaba a todas las personas pudientes con sus bellas ropas, caminando por sus barriadas limpias y seguras. Trataba de imaginarme sus vidas, que parecían tan perfectas desde la ventana de ese autobús. Y me preguntaba: ¿cómo puedo conseguir yo lo que ellos tienen? Yo quería todo lo que veía desde ese autobús en movimiento, no sólo los abrigos y los zapatos de las vidrieras, sino también la vida abundante: alternativas, poder, dignidad.

Pronto me di cuenta de que nadie me iba a dar todo eso. En mi mundo, la gente estaba haciendo todo lo posible por sobrevivir a duras penas. Si yo iba a tener una vida diferente de la que estaba viviendo, tendría que conseguirla por mí misma.

Ahora puedo comprar cualquier tipo de zapato que desee, para mí y para cualquiera de mi familia. No llego a tener la manía de coleccionar zapatos al estilo de Imelda Marcos, pero digamos que conozco por sus nombres a los vendedores de zapatos de las tiendas por departamentos de mi localidad. Y todavía recuerdo cómo me sentía al mirar mis pies con esos zapatos usados y rayados. El recuerdo no sólo me afirma en el sitio donde me encuentro hoy día, sino que también me hace acordarme de donde vengo. A menudo pienso en las muchas personas que aún siguen atisbando a través de ventanas, igual que yo lo hacía, soñando con más.

No hay nada como las dificultades de la niñez —y no sé tú, pero yo aún estoy pasando por una infancia difícil— para ponerte en seguida en tu mero centro. Cuando te enfrentas a retos que te hacen sentirte humilde, en seguida te enteras de qué estás hecha. Descubres tus fuerzas y tus debilidades, tus talentos y limitaciones, qué te motiva y qué te sofoca, cuáles partes de tu pasado te sirven y cuáles te estorban, cuáles sueños acerca de tu futuro son realistas y cuáles son sólo puras fantasías.

Cuando llegas a este sitio de autoconciencia, tienes la oportunidad de practicar la autoaceptación… y, a la larga, el amor propio. Este desarrollo y aprendizaje es un proceso que dura toda la vida, pero para mí es la verdadera medida del éxito. "Lograrlo" es avanzar hacia ese lugar, sagrado y especial para todas nosotras, y amar a la persona que encontramos allí. Es amar y aceptar plenamente a todas las niñitas que están dentro de la muñeca rusa.

Cada etapa de mi vida me ha enseñado habilidades y estrategias que me han ayudado a crear el éxito que vivo hoy día. Estas habilidades pueden ser aprendidas. Yo quiero compartirlas de manera que tú puedas utilizarlas en tu propio beneficio.

En este libro no vas a encontrar ninguna transformación instantánea de personalidad o de estilo de vida. Yo no creo en ellas. Ebenezer Scrooge, el ávaro gruñón de "El cuento de Navidad", puede haber cambiado en una sola noche, pero, desdichadamente, a los demás esas transformaciones a menudo nos toman mucho más tiempo.

Piensa en mí como una tía rica que te ha dejado una buena herencia; de todos modos, tú tienes que hacer tu propio trabajo, pero tienes una ventaja en el recorrido.

Como mujer que quiere tener éxito, para lograrlo vas a tener que trabajar de manera diferente a la de un hombre. Hacerlo "con falda" requiere un conjunto diferente de habilidades, habilidades que hemos diseñado y creado en la marcha. Y aunque el club de los muchachones está mostrando señales de estrés, todavía el mundo no es ciego ante el sexo de las personas.

Sin embargo, los mayores obstáculos no son los que te tropiezas en el exterior, sino los que están viviendo debajo de tu piel. Nuestros peores enemigos no son la discriminación, el salario desigual y la testosterona. Son el miedo, el orgullo, la fantasía, el poco desarrollo de las habilidades y la creatividad sin salida.

En las páginas siguientes aprenderás estrategias para:

- ◆ Reclamar tu poder
- ◆ Usar tu temor
- ◆ Hacer una jugada… cualquier jugada
- ◆ Buscar un foco
- ◆ Crear una red de seguridad

- Enfrentarte a algo o a alguien
- Pavonearte con lo que tienes
- Crear contactos de manera estratégica
- Lanzarte de cabeza
- *Soñar en grande* y hacerlo realidad ahora.

Tú puedes definir y crear tu propio éxito. Pero ese mundo especial, todo tuyo, no está esperando por ti al final del arco iris. Ningún tornado va a arrastrarte por los aires hasta él un día de éstos. Tú haces que ese mundo surja todos los días.

Y cada paso te permite abrirte a una gran alegría, a sucesos inimaginables y a mágicos descubrimientos.

Capítulo 1

Reclama tu poder

"Una nunca puede consentir en arrastrarse si siente el impulso de volar".

— HELEN KELLER

———————————— ▬ ————————————

Esto es todo.

Tu vida.

Nunca volverás a pasar nuevamente por aquí.

Y es un viaje que puede ser propulsado por una infinita fuente de energía y fuerza, el mismo poder que empuja a una hoja de hierba a través de una grieta en una plancha de concreto. Esta fuerza está disponible en el acto, fluye libremente y es abundante. Y todos nosotros necesitamos utilizar este poder si vamos a disfrutar la extraordinaria vida que se suponía que tuviéramos.

Pero, ¿sabes una cosa? Nadie puede darte poder. Sólo *tú* puedes reclamar lo que es tuyo.

¡YO HABÍA LLEGADO! PERO, ¿ADÓNDE?

Cualquiera que me viera parada en el podio durante la ceremonia de entrega de premios ese día habría dicho que yo era un éxito. ¡Había vencido los obstáculos en mi contra! Estaba viviendo en un futuro imposible.

Sin dinero ni contactos, esta chica del sur del Bronx había creado una empresa exitosa y relaciones duraderas con algunas de las personas de negocios más poderosas del mundo.

Pero mientras estaba sobre el podio del hotel Waldorf-Astoria, me sentí de nuevo de tres pies de estatura, una impostora, una niña vestida con ropas elegantes de mujer.

Nadie que estuviera sentado entre el público podía imaginarse que yo había estado metida en la cama durante meses, que había pasado el año anterior luchando contra la depresión y la falta de confianza en mí misma.

Había perdido el contacto con la pequeña Debbie Rosado, la niña puertorriqueña que apretaba sin zapatos los pedales del órgano, que no se estaba quieta en los bancos de la iglesia, que retaba a sus maestros de catecismo con preguntas interminables como: "Si Dios es justo, ¿cómo es que no nos ayuda?"

Pero en esos días y semanas antes de mi experiencia en el Waldorf, yo había comenzado a soñar de nuevo con esa niña. Como quien despierta de un sueño inducido por barbitúricos, había comenzado a ver lo que me rodeaba —las fiestas opulentas, las casas lujosas y la gente elegante— a través de sus ojos, ojos penetrantes y totalmente honestos, como sólo puede ser la mirada de un niño.

Podía escucharla preguntándome: *"¿Y se trata de esto? ¿Es esto aquello por lo que luchamos?"*

Sus preguntas no encontraron respuesta. Algo andaba mal. Ya yo no estaba escuchando a esa preciosa y tremendamente importante parte de mí misma. Tontamente, había comenzado a pensar que yo había tenido "éxito" en dejarla atrás.

No sólo me había mudado de mi antigua barriada; también me había alejado de mí misma. Me había perdido en el Nunca Jamás de Conseguir y Gastar.

Me había concentrado tanto en escapar de la pobreza que había perdido de vista a la desafiante y pícara niña que llevo dentro que sabía lo que era realmente importante para ella y para mí, y que no estaba interesada en la versión que otra persona pudiera tener de lo que era el éxito.

Ella quería más que un *jacuzzi* y una gaveta llena de joyas para demostrar sus esfuerzos, sus años de sacrificio.

Ella me estaba recordando que yo necesitaba alinear mis valores con mi mundo cotidiano. Pero yo no estaba segura de cómo hacerlo.

En medio de todo esto, mientras hojeaba una revista, vi un anuncio acerca del Premio Mujer de Empresa, patrocinado por Avon y la Administración de Pequeños Negocios de Estados Unidos. Este galardón era otorgado a dueñas de empresas que habían vencido obstáculos significativos para fundar una empresa exitosa.

Mi instinto (y algún empujón por parte de mi hijo mayor, Jason) me hizo tomar la pluma y enviar mi participación.

La planilla que recibí por correo tenía preguntas cuyas respuestas me hacían pensar bastante:

> *¿Cuál es tu definición personal del éxito?*
> *¿En qué momento te dijiste a ti misma: "He triunfado"?*
> *¿Qué es lo más importante para ti en la vida?*

Mientras consideraba estas preguntas, pensaba cuán irónico sería que se ganara ese premio una mujer que estaba empantanada en la depresión y en la duda de sí misma.

Sin embargo, lo gané.

Un mes después abrí la información enviada por Avon, leí la primera palabra —"Felicitaciones"— y di un grito de alegría en voz alta. Iba a recibir un homenaje frente a 1.400 luminarias en el Waldorf-Astoria. Me había ganado una estadía en Nueva York, con teatro, cena, presentaciones ante los medios de prensa, un regalo en efectivo y una transformación de belleza.

Había tratado de llegar a la luz y el universo había conspirado para ayudarme. A pesar de mi depresión, logré ascender hasta las nubes iluminadas por el sol.

Pero cuando me senté en el gran salón de bailes del Waldorf el día del banquete por los premios, mirando a mi alrededor las arañas de luces de cristal y la multitud, impecablemente vestida, me di cuenta de que yo me ponía cada vez más ansiosa. Aunque el mundo estuviese rindiendo homenaje, nadie tenía la menor idea de lo que yo estaba experimentando interiormente.

Sentada con el público en la oscuridad, me veía a mí misma aparecer en parpadeantes fragmentos en un vídeo de "ésta es tu vida" que Avon había preparado. Allí me veía yo, trabajando con Bill Blass en su lujosa oficina, rodeada de maniquíes envueltos en telas opulentas, de sus innovadores diseños, tizas y plumas: las herramientas de un verdadero artista.

Otra imagen se iluminó en la pantalla: mis padres, desgarradoramente jóvenes, cargándome como si yo, su primera hija, fuera la cosa más preciosa del mundo. Después venían otras fotos: Deborah Rosado Shaw como adolescente enojada, como orgullosa propietaria de un negocio, como una madre agotada: parada en una sucia calle de Harlem, en Madison Avenue y en los frondosos terrenos del recinto de Wellesley College junto al lago.

Algunas personas dicen que ves tu vida así, escena por escena, en un luminoso e interminable instante, justo antes de morirte. Yo me sentí agradecida por el honor de poder ver el camino recorrido antes de irme de este mundo. Y esa experiencia cambió el resto de mi vida.

Cuando me tocó hablar, sentía un estruendo en los oídos, y las piernas me temblaban mientras avanzaba hacia el podio. Cuando miré hacia la resplandeciente multitud, las antiguas voces contra las que yo había luchado toda mi vida volvieron a atacarme estentóreamente: *Éste no es tu lugar. ¿Quién tú te crees que eres?*

En el público estaban reunidos todos los componentes de mi vida, una mezcla de personas que nunca antes yo me había atrevido a poner en el mismo sitio.

Estaba mi padre, un ministro metodista, y mi madre, una trabajadora social con sus propios problemas. Estaban mis tres hijos, cada uno de ellos nacido en una etapa diferente de mi evolución; mi esposo, Steve; mi hermano menor; y Doreen, mi mejor amiga.

Estaba Flora Davidson, una profesora del *college* que me había enseñado una de las lecciones más arduas de la vida al empujarme a ir más allá de donde yo creía que era posible.

Estaban mis asociados de negocios, a quienes siempre había mantenido en el cubículo de mi vida empresarial, y el editor de una importante publicación de mi especialidad profesional.

Casi todas las personas que, de alguna forma, eran responsables de mi éxito, algunas que me conocían íntimamente y otras que apenas me conocían, estaban juntas en un salón por primera vez.

Entonces me presentaron y, envalentonada por el aplauso, me situé en el punto focal del salón y comencé a hablar:

—Hoy comparto con ustedes un momento muy dulce. Un momento que habla del poder del espíritu humano y de lo que puede lograrse cuando nos atrevemos a soñar...

A medida que comencé a contar mi historia, los fragmentos de mi vida que antes habían estado tan cuidadosamente compartimentados comenzaron a fundirse. Con cada palabra, yo recobraba otro pedazo de mí misma. Aunque estaba hablándole al público, me estaba hablando sobre todo a mí misma, contando lo que veía tan claramente. Al integrar los componentes de mi vida, al reconocer y abrazar a todas las personas que yo había sido y las experiencias que había vivido, buenas y malas, pude llegar hasta mi propia fuente de poder.

Ese poder siempre había estado allí, precisamente esperando a que yo lo reclamara.

ESCOGE O PIERDE

Cuando estabas creciendo, probablemente algún tonto te dijo que tú podrías llegar a ser cualquier cosa que quisieras. Y, como la mayoría de las niñas, tú pensabas ser doctora, o estrella del rock, o una actriz ganadora del Oscar... y presidenta de Estados Unidos. Bueno, ahora ya eres adulta y tienes que desechar la presunción de que puedes ser y hacer cualquier cosa con sólo creerlo.

Esta forma de pensamiento positivo es una idiotez. Es un mito, y un mito destructivo, promovido generalmente por personas que están vendiendo cintas y vídeos de aprendizaje, seminarios motivacionales y, sí... hasta libros. Aunque existen en el mercado muchos productos maravillosos de autoayuda, ten cuidado con aquellos que te dicen que puedes tenerlo y hacerlo todo. Sencillamente, no es así. Esta cruel mentira nos impulsa a malgastar nuestras energías tratando de hacer cosas en las que nunca podemos triunfar, en lugar de ayudarnos a tomar decisiones acerca de dónde concentrar nuestros esfuerzos.

En caso de que no te hayas enterado todavía, ¡*Superwoman se murió*! Tuvo una crisis de nervios y la ingresaron en el manicomio, donde falleció. Vivimos en un mundo de posibilidades infinitas, pero sólo disponemos de un cierto número de días y de horas. Podemos conjurar miles de deseos y aspiraciones, pero tenemos la energía y los recursos de ir solamente tras de aquellos que son esenciales para nosotros.

Hay una forma única y personal de éxito que puede ser sólo tuya, un éxito que producirá felicidad y satisfacción. Pero tienes que tomar decisiones, a veces difíciles, en tu camino hacia la definición y la creación de ese éxito.

Yo sé cómo es eso de tratar de hacer y ser de todo.

Cuando vivía en California, tenía tres bebés menores de cuatro años y me pasaba casi todo el día haciendo... demasiado. Cuando iba a la costa este en viaje de negocios, por lo general llevaba a mis hijos conmigo. Quería asegurarme que ellos seguían teniendo contacto con ambas parejas de abuelos. Los dejaba con una pareja de abuelos, corría por todo Nueva York en reuniones y almuerzos, regresaba precipitadamente para cenar, y entonces los llevaba con la otra pareja. Yo estaba complaciendo a todos, haciendo de todo... y era un desastre.

En uno de los viajes, estaba saliendo por la puerta de la casa con el asiento de seguridad infantil y el equipaje, cuando uno de mis pantaloncillos se salió de la bolsa que llevaba colgada al hombro. Los recogí y me los metí en la faja de los pantalones hasta que llegué al automóvil. Pero cuando ya estaba dentro del vehículo otra cosa me llamó la atención y me olvidé de los pantaloncillos. Caminé por todo el aeropuerto con las bragas al aire, durante el vuelo y a través de la terminal cuando llegué a mi destino. No fue hasta que llegamos donde íbamos que tuve un momento para respirar y relajarme. Miré hacia abajo, y allí estaba… mi última adquisición en Victoria's Secret, colgando de un costado de mis pantalones. Por supuesto, los niños no me lo habían dicho; eran muy pequeños para preocuparse por trivialidades como el recato y estaban acostumbrados a que su madre anduviera corriendo como una lunática. Pero tuve que reírme. Y entonces tuve que considerar seriamente lo que me estaba haciendo a mí misma.

A veces tan sólo tienes que detenerte, respirar hondo y decir: "¿Qué estoy tratando de hacer? ¿Ser de todo para todos?"

Pues bien, ¿sabes una cosa? No puedes.

Este cacharro de cuerpo en el que vives sólo tiene un cierto número de millas. Tratando de lograr mucho, divides demasiado tus recursos y acabas andando sin combustible… prestando demasiado poca atención a las cosas más importantes. La familia y aquellos a los que más quieres sufren. Tú sufres. Y, al cabo del tiempo, sufrirá tu salud mental, emocional y física.

Al darme cuenta de estas cosas, la próxima vez que viajé reacondicioné mi programa de actividades. Reservé un cuarto de hotel y les pedí a los abuelos que nos visitaran.

Conseguí que una amiga se quedara cuidando a los niños. Aligeré mis actividades de manera que no tuviera más que dos reuniones al día.

Bajé la candela para que la olla no se desbordara. No, ese año no me dieron ningún premio por ser la nuera más dedicada. No hubo galardón por mi pan de plátano hecho en casa o mi pastel de calabaza. Mi peinado no recibió elogios entusiastas (mi cabello parecía una greña desmelenada casi siempre). Pero me dio mucho placer estar con mis hijos y concentrarme en mi negocio. Ésas eran mis prioridades, y me atuve a ellas. Había aprendido a invertir sabiamente mis recursos. Me había dado cuenta de la importancia de dedicarme a aquellas cosas que estaban más cerca de mi corazón.

¿CUÁL ES TU VERSIÓN DE UNA VIDA BUENA?

Antes que puedas decidir dónde "invertir" tus valores más preciados —tu tiempo, tu energía, tu dinero y hasta tus afectos—, descubre qué es lo que más te importa *a ti*. Como esto es diferente para cada persona, debes preguntarle a tu tranquilo ser interior: ¿Qué es lo que realmente me importa?

Puede que te tome un tiempo contestar esa pregunta; a mí me lo tomó.

Inclusive en la cúspide de mi supuesta vida por todo lo alto en California, parada en la fila del cajero en el supermercado, me abatía al hojear las revistas.

Ya tenía muchísimas cosas buenas en mi vida. Según la sociedad, yo había "llegado", y me debería haber sentido feliz. Pero yo no estaba satisfecha todavía.

Solía disfrutar leyendo revistas sobre el hogar, pero acabé cancelando mis suscripciones a ellas porque me hacían sentir fuera de lugar. Yo tenía una linda casa, pero no era como para aparecer en *Architectural Digest* o *Metropolitan Home*. Vivía en una casa donde los niños hacían huecos en las paredes con sus palos de hockey.

Y olvídate de las revistas de belleza: me había pasado la mitad de mi juventud siguiendo los diagramas para sombrearme los párpados y realzar los pómulos, pero jamás lucí como las chicas en las portadas de *Seventeen* o *Vogue*.

La próxima vez que estés leyendo una de esas revistas, alza la vista y mira a la gente a tu alrededor. En seguida te das cuenta de cuán ridículas fantasías alienta el mundo. Recuerdo un dibujo cómico que vi una vez. En él, dos viejas están paradas mirando el ataúd de una amiga:

—Pobre Rosie —dice una a la otra—. ¡Estaba solamente a 20 libras de alcanzar su meta!

Piensa en todas las formas productivas en que puedes usar la energía que ahora malgastas en perseguir la fantasía de perfección de otra persona. Probablemente nunca serás una talla 4, o no tendrás una piel sin tacha, o no conducirás un Jaguar; entonces, ¿por qué no concentrarte en algo más concreto, algo que sea posible y significativo para ti?

ENCARA TU VERDAD

¿Qué es lo que realmente me importa?

Me podría haber ahorrado muchísimos pañuelitos de papel y Prozac si hubiese prestado más atención a esta pregunta.

Yo acostumbraba salir de mi casa en el auto cada mañana apesadumbrada, mirando a todas las madres paradas en las puertas de sus casas en batas de baño y ropas de hacer ejercicios. Allí están ellas, al frente del hogar todo el día mientras yo les daba un beso de despedida a mis hijos y me encaminaba hacia el mundo empresarial.

Ten en cuenta que yo siempre estaba presente en los grandes eventos de las vidas de mis hijos. Me ocupaba de aparecerme en cualquier actividad importante. Pero continuaba regañándome por otras cosas. ¿Estaba bien realmente que viajara tanto? ¿Y por qué no me pasaba una semana entera en la casa?

A mí y a los demás, mis hijos daban la apariencia de estar saludables y sin problemas, pero yo comencé a imaginar situaciones dramáticas. En estas situaciones mis hijos eran, en el fondo, infelices y ansiaban tener una madre que los esperaba en la puerta con un delantal puesto.

Retardar y dramatizar: esta rutina de canto y baile era mi numerito principal. Yo retardaba la acción y dramatizaba todo: *No puedo ocuparme de este proyecto. ¿Qué van a pensar los niños si les digo que tengo que irme otra vez? ¿Puedo dejar de ir a dos juegos de fútbol seguidos? ¿Y qué pasará con el concierto de Andrew?*

Y esto seguía y seguía, sin que pareciera tener fin. Mi dramatización creció hasta que decidí que no podía resistir otra llamada de aplausos.

Me fui hacia la sala, donde mis tres hijos estaban haciendo la tarea, y les anuncié que íbamos a tener una conversación seria y sincera.

Puse mis cartas boca arriba.

—Hay cosas que yo quiero hacer en la vida —les dije—. Muchachos, yo los quiero con todo mi corazón, pero también me gustan los negocios, sus altas y bajas, sus retos, el entusiasmo. A veces quisiera poder ser otra persona, pero lo siento, soy así. Necesito que ustedes me acepten por lo que soy.

Bla, bla, bla, seguía yo.

Cuando finalmente se me acabó el combustible, los miré. Estaban sentados mirándome ligeramente divertidos.

—¿Qué? —dije.

—¿Por qué nos dices eso? —dijo Jason, mi hijo mayor—. Ya lo sabemos.

—Claro —asintió Andrew, el del medio—. Tú eres nuestra mamá. Siempre has sido así. No tenemos problema con eso.

Me quedé allí un momento, casi jadeando.

—Pero hay cosas que otros niños tienen que ustedes no tienen —intenté decir, esperando maltratarme un poco más.

—¿Y qué importa? Hay muchísimas cosas que nosotros tenemos que ellos no tienen —dijo Matthew, el más joven.

Tuve que reírme. Desde hacía tiempo ya ellos habían aceptado quien yo era. Yo era la que había estado dando vueltas para seguir dándome con el látigo.

Pero mi discurso no fue una pérdida de tiempo. Lejos de eso. Confesarme me dio una libertad que nunca había tenido. Fui capaz de dejar de urdir ficciones y obstáculos imaginarios.

Lo bueno de realizar tu sueño es que te enriqueces no sólo a ti misma, sino también a todos los que te rodean. Y aprendes a buscar tu propio consejo en lugar de lanzarte a buscar la aprobación de los demás.

Tú eres quien tiene que tener una imagen clara de lo que es una vida buena. Y tienes que ser capaz de apegarte a ese sueño a través de los momentos oscuros y dolorosos.

Ésa fue una lección que Nancy Archuleta descubrió por sí misma.

Cuando Nancy estaba en la escuela secundaria, un consejero vocacional le dijo que ella nunca llegaría a nada.

—Sólo eres una mexicana pobre —le dijo el consejero cuando Nancy expresó su deseo de ir a la universidad.

Pero Nancy no se lo creyó.

Ella tenía otra imagen de sí misma —la de una mujer educada y exitosa— y se apegó a ella durante años de desaliento y pobreza.

Inclusive cuando su vida estaba en su punto más bajo, cuando había abandonado la secundaria, cuando su esposo le pegaba y tenía tres hijos antes de haber cumplido los 19 años, Nancy se apegó a su sueño. Se decía que ella no era tan sólo sus circunstancias y que algún día hallaría una manera de probarlo.

Nancy Archuleta mantuvo viva la llama de su ambición en su interior inclusive cuando el destino y las circunstancias conspiraban para apagarla.

Después de años de dificultades, Nancy logró escapar de su matrimonio. Mantuvo varios empleos al mismo tiempo para criar a sus hijos y terminar su educación. Luego invirtió cada dólar que pudo reunir en una compañía de administración de sistemas, Mevatec. Al cabo del tiempo, fue nombrada presidenta.

Cuando se dio cuenta que éste era solamente un puesto simbólico y que se lo habían dado para que la compañía pudiera obtener el estatus de empresa propiedad de una mujer perteneciente a una minoría, no se dio por vencida ni se rindió. Se mantuvo concentrada y logró quitarle el control de la compañía a su socio y convertirse en su verdadera líder.

Hoy día, ella es CEO de Mevatec Corporation, una firma de integración y desarrollo de *software* de un valor de US$62 millones, y una de las compañías propiedad de hispanos de más rápido crecimiento del país.

Nancy no sólo resistió. No sólo prevaleció. Ella triunfó.

Esto es lo que puedes conseguir cuando encaras la verdad.

ESCONDIDOS SABOTEADORES DE PODER

Comparar

Es parte de la naturaleza humana atisbar por encima de la cerca y notar la hierba frondosa y verde en el otro lado. Pero las comparaciones son no sólo insatisfactorias, sino también vacías.

Comparada con la de otras personas en California, mi vida era la imagen perfecta de la felicidad y la prosperidad. Pero no significaba nada la forma en que se comparaba con otras… porque era insatisfactoria para mí.

No puedes saber cómo es realmente la vida de nadie. ¡Deja de comparar! En vez de eso, emplea el tiempo en cultivar tu propio jardín.

Justificar

Las mujeres a menudo somos expertas en el improductivo arte de la justificación. *¡Sólo déjame explicarte! ¡Escúchame un segundo!* Pero la única persona ante la que necesitas justificarte es... ¡ante ti misma! Yo malgasté muchísimo tiempo y energía tratando de explicar por qué mi negocio era importante para mí, inclusive a personas que no eran esenciales en mi vida. Luego, comencé a ser franca conmigo misma y dejé de sentir esa necesidad. A ti también te pasará.

Juzgar

El hermano de la justificación es el juzgar. Son el dúo dinámico de pérdida de tiempo y gasto de energía. Cuando ellos se presentan, saca la cortadora de malas hierbas y elimínalos.

Si pasas tu tiempo evaluando a los demás, probablemente te estás autodenigrando. Acaba con eso y concéntrate, por el contrario, en hacer realidad tu sueño.

Acepta el derecho de los demás a escoger y no te preocupes por el juicio que ellos hagan sobre tus decisiones.

MARCA TU RECLAMO

Manténte tranquila

La autorreflexión nos permite percibir mejor nuestros sueños y deseos más internos. Al estar en una actitud calmada, haciéndonos preguntas importantes, y al estar abiertas a las respuestas, mejoramos nuestro autoconocimiento. Relajar la mente y encontrar un sitio de paz interior nos ayuda a ponernos en contacto con nuestros anhelos más profundos.

Haz preguntas difíciles

Respira hondo y relájate. Cierra los ojos y pregúntate:

¿Cuáles de mis valores no voy a negociar?
¿Estoy actuando de una manera que refleja mis ideas?
¿Cuáles son las barreras?
¿Cuáles barreras he creado yo?
¿Cuáles son mis puntos fuertes y cuáles mis debilidades?
¿Qué funciona bien en mi vida? ¿Qué no funciona?
¿Qué falta?

DALE SALIDA A TU PODER

Tienes acceso a tu propio poder y libertad a través de las experiencias que traen alegría y sentido a tu vida. ¿Qué proporciona sentido a tu día? ¿Qué es lo que realmente te entusiasma?

- Devoción espiritual
- Expresión creativa
- Éxito en la carrera
- Salud
- Prosperidad material
- Armonía familiar
- Ayudar a otros
- Estar en buena forma física
- Actividades de recreo
- Amistad
- Amor romántico

Con estas cosas en mente, imagínate tu propia versión de un futuro perfecto:

- ◆ ¿Qué estás haciendo?
- ◆ ¿Dónde estás?
- ◆ ¿Quién está allí contigo?

Vuelve rápidamente al presente, ahora mismo. ¿Qué debes hacer para reclamar tu poder, el poder que posees para crear tu vida? Muchos obstáculos nos demoran o nos detienen por completo. Pero la pregunta importante es: ¿Qué te está deteniendo *a ti*?

Capítulo 2

Deja de luchar contra el miedo

"Debes hacer aquello que crees que no puedes hacer".

—ELEANOR ROOSEVELT

En las películas de horror que veía cuando era niña, la mujer siempre huye de lo que la atemoriza, ya sea un monstruo, un asesino o una tormenta. Y cuando sale corriendo, lo hace inadecuadamente: con tacones altos o de una manera cobarde e histérica. Invariablemente, tropieza y se cae. Y allí es donde termina, sobre un montón de trastos, con un tobillo torcido, esperando pasivamente a que la maten.

Con imágenes como éstas en nuestras mentes, no es de sorprender que muchas de nosotras sigamos luchando contra el miedo.

A las mujeres se nos ha enseñado a adherirnos a lo directo y estrecho, a encaminarnos por la carretera bien asfaltada, bien iluminada, fuera de peligro y segura. Pero es el camino difícil el que pone a prueba tus habilidades y te lleva por paisajes que la carretera interestatal evita.

Tomando riesgos, aventurándote en la oscuridad es como descubres de qué estás hecha.

CUANDO SE VIVE EN LOS BARRIOS MALOS... *MALOS* DE VERDAD

Cuando era niña, siempre tenía miedo.

Las noches en nuestro barrio estaban llenas de sirenas de la policía, riñas y disparos. Los pandilleros vagaban por nuestras calles y dominaban nuestras esquinas. Los drogadictos se quedaban aletargados en los escalones a la entrada de nuestra casa.

Cuando tenía nueve años, el cadáver de un hombre apareció frente a la iglesia donde mi padre era predicador. En los barrios pobres de las grandes ciudades, los cuerpos, igual que la basura, no son recogidos con regularidad. Allí siguió tirado, día tras día, oliendo e hinchándose. Yo no dejé de pensar: *Este hombre debe ser padre o hijo o hermano de alguien.* Pero nadie lo reclamó. El mensaje era claro: él no importaba, ni tampoco el resto de nosotros.

Finalmente, mi madre llamó a una estación local de televisión y provocó tal alboroto que por fin se lo llevaron. Pero antes de que lo recogieran, yo tuve que pasar junto a su cuerpo día tras día camino de la escuela. Y mientras lo hacía, me hice una promesa: *Cuando crezca, yo no voy a vivir así... ni tampoco mis hijos.*

CUANDO EL HOGAR NO ES UN REFUGIO

Ni siquiera en casa me sentía segura. A lo largo de mi niñez, mi madre sufrió de asma, de epilepsia y de lo que yo ahora me doy cuenta que era depresión. Cada vez que había estrés, ella tenía un acceso, y *siempre* había algún tipo de estrés en nuestras vidas. Si no era que se rompía el horno, era que se acababa el agua caliente o algún vagabundo que estaba tocando en nuestra puerta trasera.

Mientras otras familias salían a comer fuera los viernes por la noche, mi madre tenía ataques. Se ponía cada vez más desorientada o se desmayaba. No podíamos tener cerámicas ni cristalería porque ella siempre estaba rompiendo cosas.

Pero era capaz de ayudar a otras personas en situaciones de emergencia. Podía liderar huelgas del pago del alquiler y caminar a los drogadictos calle arriba y calle abajo, para mantenerlos conscientes, hasta que la policía llegara.

Y entonces nosotros tuvimos una emergencia. Cuando yo tenía cuatro años, a mi hermano menor, Josh, le diagnosticaron una enfermedad degenerativa del hígado muy peligrosa. La prognosis: sus riñones dejarían de funcionar y tendría que someterse a diálisis. El médico nos dijo que hasta podría morir.

Me fue casi imposible aceptar esta noticia. Mi inocente, adorable hermano, al que mi hermana y yo cuidábamos cuando mi madre no se sentía bien, ¿enfermo?

Por la noche, yo lo observaba mientras él dormía, aterrorizada de que dejara de respirar si yo cerraba los ojos. ¿Cómo había pasado esto? ¿Por qué él y no yo? ¿Cómo podía ser que anduviera algo mal en alguien tan joven y vivo como él?

Observando a mi hermano, aprendí acerca del valor. Lo miraba levantarse por la mañana y enfrentar su incierto futuro. Lo vi crecer en medio de ingresos en el hospital y visitas al médico. Lo observé luchar con la vida aislada de un niño enfermo.

Yo sabía que él estaba aterrorizado cada vez que iba para un chequeo de salud, pero iba de todas formas, a pesar de eso.

De su valeroso ejemplo, yo aprendí que la mejor manera de enfrentar el miedo era avanzar con resolución hacia él, no retroceder ni tratar de esconderse.

A lo largo de mi vida, cada vez que me he desalentado o atemorizado, he pensado en Josh. Y la enormidad de lo que él enfrentó y la valentía que mostró siempre me hacen sentirme humilde.

APRENDIENDO EL VALOR DE LOS HÉROES COTIDIANOS

Vi otra clase de valor de en mi madre, cuyo amor por Josh le permitía concentrarse y le daba energía.

De niña, mi madre había soñado con hacerse médico. Pero su familia dijo: "Eres una muchacha, ¿Para qué ir al colegio? Tú sólo vas a casarte y tener hijos"; y en lugar de ella enviaron a su hermano.

Pero ella logró rescatar parte de su sueño al estudiar química. Ahora, al cabo de todos esos años, encontró una manera de utilizar lo que había aprendido. Investigó la enfermedad de mi hermano y discutió con los doctores, insistiendo en que probaran el más reciente enfoque, lo que permitiría que su enfermedad continuara sin tener que usar medicamentos. Mi madre apostó por este nuevo tipo de pensamiento, y su apuesta resultó. Debido a su valiente lucha por mi hermano, éste pudo madurar y vivir una vida más normal.

El ver a mi hermano tan débil y enfermo convirtió a la muerte en algo real para mí. Ya no era una palabra ni una idea. Yo quería proteger a Josh, ampararlo y curarlo. Pero no podía. Lo más que podía hacer era luchar contra mis propios temores mientras él luchaba contra los suyos, asir mi vida y atesorarla en su honor.

INOCENCIA VIOLADA

Vivir con incertidumbre se convirtió en un estilo de vida en mi familia. La única paz que yo podía encontrar era en el refugio de la iglesia, adonde me escabullía para tocar el órgano, una antigüedad con tubos grabados en oro que habían sido transportados en pedazos desde Alemania. Me encantaban los poderosos sonidos que yo creaba al apretar los pedales en medio de la oscuridad. Me sentía elevada fuera de nuestro destartalado barrio hacia otro mundo más noble.

Pero ni siquiera esa paz duró.

Cuando tenía nueve años, mi padre contrató a un pariente para que trabajara como sacristán en la iglesia. Era un hombre amistoso, más o menos de la edad de mi padre, con su propia familia e hijos. Yo apenas lo noté hasta que una tarde me di cuenta que él siempre estaba cerca cada vez que yo tocaba el órgano. Cada día, él se acercaba un poco más.

—¿Qué estás tocando? —me preguntó una tarde.

—Un himno.

—¿Cuál?

Sentí cómo se apretaba contra mí mientras miraba hacia la partitura por encima de mi hombro. Su roce despertó en mí una sensación de alarma, pero traté de ignorarla. Se trataba de un adulto, un miembro de mi familia. Él nunca haría nada incorrecto.

Comenzó dejando el palo de trapear en un rincón y sentándose junto a mí en la banqueta.

—Tocas tan bonito —murmuraba junto a mi oído. Su aliento sonaba agitado, como si hubiera acabado de correr escaleras arriba.

A medida que pasaban las semanas, comenzó a traerme bolsitas de chocolates y mentas.

—Dulces para una niña dulce —decía, y me pasaba el brazo por encima. Se sentaba tan cerca que yo podía oler la vaselina de su cabello. Él miraba la partitura, pero yo me daba cuenta que estaba realmente concentrado en otra cosa.

Yo creía en Dios. Me decía que jamás nada malo podría sucederme en su casa. Y, por si acaso estaba equivocada, yo rezaba para que este hombre se fuera. Pero no se fue, sino que cada vez se puso más atrevido. Inclusive cuando trataba de evadirlo, él siempre parecía encontrarme.

Una tarde, mientras yo estaba practicando a una hora avanzada, sentí que entraba en el cuarto por detrás de mí. Me dije que si yo seguía moviendo las manos, todo estaría bien.

Continué tocando mientras lo sentía acercarse. Continué tocando mientras su sombra se proyectó encima de las teclas. Cuando me puso las manos sobre los hombros, dejé de tocar. Sentía como si mi rostro estuviera cubierto de hielo.

Algo horrible sucedió ese día. Él se apretó contra mí, y sus manos violaron mi inocencia. Esperé que un rayo divino lo fulminara, pero el cielo se mantuvo en silencio.

Le conté el incidente a mi padre, esperando que saliera enfurecido a matar al hombre. Pero lo que hizo fue presentar la otra mejilla y asegurar que Dios se entendería con el agresor en la otra vida.

El hombre fue despedido. Eso fue todo; ya no era parte de nuestras vidas.

Después de eso, miré al mundo de manera diferente. Sentí que nadie se iba a aparecer milagrosamente para ayudarme cuando estuviera en problemas, ni siquiera Dios. Me di cuenta que el mundo era un lugar de miedo, e iba a tener que confrontrarlo —y también mis miedos— yo sola.

USA EL MIEDO

Cuando experimentas temor, tu cuerpo llega a liberar glucosa, adrenalina y otras sustancias químicas productoras de energía. Aumenta el ritmo de los latidos de tu corazón, no respiras hondo, te pones en exceso alerta. Puedes emplear esta energía para enfrentar tus desafíos.

Eso fue exactamente lo que Marion Luna Brem aprendió a hacer. A los 32 años, se vio recién divorciada, sin un *résumé,* sin habilidades que le sirvieran en el mercado de trabajo y con dos hijos a los que mantener.

Y estaba batallando un cáncer peligrosísimo sin seguro de salud.

Había una serie de formas en las que Marion podría haber manejado estos contratiempos. Podría haberse metido en la cama y desconectado la línea del teléfono de la pared. Podría haber caído en la desesperación. Podría haberle entregado sus hijos a su madre y pedirle que se ocupara de ellos.

En lugar de eso, ella confrontó su miedo y decidió actuar a pesar de él.

Así que Marion decidió probar su suerte en las ventas. Entre tratamientos de quimioterapia, comenzó a solicitar empleo en agencias de ventas de automóviles. Cuando aquella mujer pálida, con un juego de chaqueta y pantalón, entraba en los salones de muestra y decía que quería un empleo como vendedora, los vendedores la miraban como si hubiera llegado de Marte. Se reían de ella, cuando no la rechazaban al instante.

—Las tipas no pueden vender carros —le dijo un vendedor.

Pero Marion persistió. Aun sufriendo las consecuencias de la quimioterapia, se maquillaba y salía de su casa. Dejaba atrás su miedo de quedarse en la calle, de morir de cáncer, de dejar a sus hijos sin una mamá, y seguía tocando puertas.

Finalmente, un gerente en una de las agencias estuvo de acuerdo en darle la oportunidad que necesitaba.

Ahora, diez años después, Marion es la fundadora de varias compañías, incluida Love Chrysler, una de las más grandes agencias de ventas de autos en el sur del país.

Pero ella dice que el día más exitoso de su vida fue el primer día que entró al nuevo trabajo, con una peluca puesta y llevando en su interior el orgullo de lo que había enfrentado y conquistado.

QUE EL MIEDO TE HAGA TEMBLAR

Cuando reúnes el valor de viajar al centro de tu miedo, a menudo encuentras que no haya nada allí. Pero tienes que *actuar* antes de poder descubrir eso.

Cuando estás colgando de las barras de un *jungle gym*, tienes que soltar cada travesaño un momento para poder seguir hacia adelante. De eso no cabe duda: da miedo. Hay un instante en el que te puedes caer. Pero tienes que estar colgando con miedo para poder llegar al otro lado.

Hay tantas de nosotras que estamos colgando del mismo travesaño, tratando de decidir si tenemos la audacia de llegar al próximo. Algunas sólo queremos quedarnos alejadas por completo de esos aparatos con travesaños en lo alto y escondernos en nuestras pequeñas cuevas. Pero esconderte no te llevará a ninguna parte.

Si no estás haciendo cosas que te hagan temblar de miedo, estás perdiéndote parte de la diversión y, sobre todo, de las oportunidades de la vida.

Durante muchos, muchos años, uno de mis mayores temores personales era hablar en público. Pero un día de otoño de 1996 me encontré conduciendo un automóvil alquilado a través de los caminos vecinales de Arkansas para ir a hablar en una reunión de negocios de sábado por la mañana en Wal-Mart. Si nunca has oído hablar de estas famosas reuniones, consisten en sesiones que son en parte de motivación y en parte de rendimiento de cuentas. En un teatro-arena, 1.200 de los gerentes de mayor rango de Wal-Mart relatan los negocios de la semana y evalúan su rendimiento en todo el mundo.

Es un sitio al que son invitadas toda clase de personas para compartir nuevas ideas. Garth Brooks, el ex presidente Bush y Colin Powell han sido invitados. Y yo, increíblemente.

Todavía me parecía difícil aceptar que yo iba a hablar para algunos de los negociantes más poderosos del mundo acerca de quién yo era y de dónde venía. Parada en la plataforma sin podio, flanqueada a derecha, izquierda y por detrás por el CEO de Wal-Mart y el equipo ejecutivo, esta chica de la ciudad ofreció evidencia para apoyar su principio de negocios de que "la gente común puede lograr cosas extraordinarias".

Tres horas antes de mi presentación, me sentía tan aprensiva acerca del discurso que tenía la esperanza de que apareciera en el horizonte un tornado que lanzara mi auto alquilado en una cuneta. Era el mismo terror que había sentido cuando caminaba hacia la escuela atravesando mi violento barrio. Escondida en mi abrigo, había tratado de hacerme lo más pequeña posible, esperando que no me notaran los chicos de la secundaria que nos asaltaban a los más pequeños para quitarnos el dinero del almuerzo y los pases del autobús. Pero todos los días oía el avance opresivo de los muchachos, el sonido de sus zapatos sobre el pavimento mientras se acercaban por detrás. Esperando por ellos, siempre tenía una sensación de pavor. Entonces, me tiraban al piso y me arrebataban el pase del autobús y el dinero del almuerzo. Ese día no había emparedado para el almuerzo y sí una larga caminata a casa. Esto sucedía tan a menudo que dejé de decirlo.

Pero yo era una niña en aquella época. *Tenía* que ir a la escuela y encarar a esos chicos. Incluso entonces, me di cuenta que la educación era mi única manera de escapar.

Conduciendo a través de Arkansas, me sobrecogió el mismo temor, pero me di cuenta de que me encontraba en una situación totalmente distinta. En primer lugar, yo tenía el poder de elegir. Y, más importante aún, la niñita estaba ahora realmente a salvo. Yo era una mujer adulta, una madre; nunca dejaría que alguien volviera a lastimarme de aquella manera.

Y esta situación era muy diferente. Inclusive si fracasaba estrepitosamente frente a este público, allá en mi hogar de Nueva Jersey me aguardaba mi vida intacta. Mis hijos estarían a salvo, mi negocio intacto y yo no me convertiría en una pordiosera.

Así que aunque estaba temblando de miedo, yo había escogido esto. Estaba lanzándome de cabeza voluntariamente hacia el temor para ver qué podría descubrir.

¿Y sabes una cosa? No sólo lo sobreviví, ¡sino que fue maravilloso! Estuve enfocada en las necesidades del público, en cómo ellos podrían ser inspirados a apoyar la capacidad de grandeza que tuviera un empleado. Y mi mensaje fue recibido con más entusiasmo del que yo podría haber aspirado. Usé la energía que liberó mi temor para alimentar mi presentación y darle pasión.

Luchar cuerpo a cuerpo con el temor produce fortaleza y confianza. Cada vez que sobrevives a una experiencia horrible, renuncias a que el miedo se apodere de ti.

Estos momentos de desprenderte del miedo producen resultados decisivos.

EL ORGULLO MATA LA OPORTUNIDAD

A veces estamos tan ocupadas en tratar de lucir bien que acabamos negándonos algunos de los momentos más dulces de la vida.

En una ocasión, cuando yo estaba en el elegante salón de belleza Frederic Fekkai, en la ciudad de Nueva York, arreglándome para una entrevista en CNN, miré y vi la clásica cabellera pelirroja de un personaje importante de los negocios que estaba sentado junto a mí. Era Charlotte Beers, la legendaria mujer al frente de la gigantesca agencia de publicidad Ogilvy & Mather.

Había pocas personas en el mundo que yo tuviera más deseos de conocer. Pero dejé pasar la oportunidad. Durante más de dos horas, fui incapaz de reunir el valor de presentarme.

¿Por qué?

Hubo tantas cosas que me detuvieron.

Tal vez yo no quise presentarme a esta superestrella de Madison Avenue con una baba lila corriéndome por un lado de la cara. Tal vez tenía miedo de que si yo, una total desconocida, extendía mi mano, ella iba a pensar que estaba loca. Tal vez fue sólo una repetición instantánea de las antiguas voces que siempre me han murmurado desagradables mentiras: *¿Quién te crees que eres?¿Por qué piensas que todo el mundo quiere conocerte?*

Sea cual sea la razón, no seguí mi impulso y no hice el gesto que estaba allí mismo, listo para ser hecho. Fue una oportunidad perdida, pura y simplemente, con alguien que me fascinaba por completo. Dios sabe a dónde habría conducido. Podría haber establecido una exitosa relación de negocios con ella, o podríamos haber compartido, sencillamente, un momento de conexión personal, de mujer a mujer. Nunca sabré lo que podría haber pasado.

El temor es una sensación desagradable, y a veces vacilamos, esperando a que el sentimiento amaine antes de actuar. Pero no podemos evitar el miedo. Sí, es incómodo, pero también es saludable, hasta necesario, parte de vivir una vida extraordinaria.

El desafío es actuar a pesar de él.

MÉTODOS A PRUEBA DE BALAS PARA RENDIRSE Y GANAR

Domina tu miedo

Cuando éramos niños, nuestros padres usaban el miedo como un arma para evitar que hiciéramos algo. "¡Te vas a romper la cabeza si te subes a esa mata!", decían. Nuestro reto como adultos es usar el miedo como el combustible que nos impulsa a hacer las cosas. El miedo puro que no se usa, puede destruirnos y causar incontables desgracias, hasta enfermedades peligrosas. Pero cuando aprendemos a dominar y a dirigir nuestro temor, él nos ofrece el poder que necesitamos para hacer realidad nuestros sueños.

- Kara J., una mujer de negocios que sufría ataques de ansiedad siempre que hacía una presentación, se convirtió en defensora de las jóvenes con impedimentos físicos que no podían hablar por sí mismas.
- Dana R., que pasó su vida luchando contra sentimientos de abandono luego de haberse criado en un orfanato, encontró la paz al llevar a vivir a su hogar a niños adoptados.
- Laura L., que fue atacada cuando era joven, se dedicó al tae kwon do y ahora enseña autodefensa a jovencitas.

Concéntrate fuera de ti

Concentrarte fuera de ti es una excelente forma de dejar de luchar contra el miedo y de ahorrar tu fuerza. Todas nos hemos sentido inspiradas por personas como Kara y Dana y Laura, mujeres que han aprendido a dominar el arte de decirle ¡alto! al miedo. Y hemos experimentado momentos de heroísmo en nuestras propias vidas, cuando fuimos capaces de lograr algo que antes pensábamos que era imposible. Piensa tan sólo en la Marcha del Millón de Madres.

Mi propio temor de hablar en público solía inmovilizarme. Pero miré más allá de mí y me concentré en cómo mis experiencias podrían inspirar o llenar de poder a otra persona. Cuando me invitaban a hablar ante un público de 50 personas, obligaba a mis labios a que dijeran "Sí", aunque mi temor estaba gritando "¡No!".

Y me forcé a hacer lo mismo cuando me pidieron que hablara ante un grupo de 100. Cuando me di cuenta de que eso no me había matado, lo hice una y otra vez. Ahora tengo una pared empapelada con copias de los cheques que he recibido por viajar por todo el país dando discursos.

¿Cómo pasé de ser un desastre tartamudeante con las manos sudorosas y palpitaciones, a ser alguien que se siente cómoda detrás de un podio y que hasta disfruta las entrevistas por televisión? ¡Me rendí!

Crea tu resistencia

Un arma especialmente efectiva para neutralizar el miedo es desensibilizarte respecto a la situación que provoca el estrés.

Selecciona una situación de la vida —algo que realmente te esté presionando en estos momentos—, tal vez hablar con el banco para que te aumenten la línea de crédito. Entonces, abórdala, primero en tu mente, luego a través de variadas situaciones de la vida real. Comienza con lo que menos te intimide y ve avanzando hasta lo que consideres más amenazante.

Antes de que comiences, asegúrate de que has hecho tu tarea. No hay nada que apacigüe tanto el miedo como conocer tu terreno.

Paso 1: Encuentra un conejillo de Indias.

◆ Sé la primera voluntaria; pronuncia el discurso frente a un espejo.

◆ Luego sigue con tu perro, un colega empresario, tu contador…

Paso 2: Haz una prueba en vivo.
Nunca des la primera función en Broadway. Ofrece tu discurso a un banco que nunca piensas usar. Entérate allí de las dificultades de la realidad, de las preguntas y de las reacciones.

Paso 3: Crea familiaridad.
Para desarmar el miedo, elimina la sorpresa.

◆ Visita el local con antelación y encuéntrate con tu objetivo; hazlo de incógnito, si es necesario.

◆ Si no puedes llegar a ese lugar con antelación, visítalo en tu mente. Siente la textura de la tela de los asientos, huele el perfume que usa tu objetivo, saborea al café que te sirven.

Paso 4: Cuenta con una ejecución perfecta.
Siente el miedo, la emoción. Mírate a ti misma, vestida con tu mejor traje —serena, fuerte, decidida— recibiendo el aplauso de todos.

Con el paso del tiempo tendrás mayor acceso a la fortaleza que te permite mirar al miedo a la cara, no importa cuán imposible, amenazante o feo parezca.

Recuerda: "¡De los cobardes no se ha escrito nada!"

Capítulo 3

Haz una jugada

"Las recompensas las reciben los que se arriesgan, los que están dispuestos a poner sus egos en juego y llegar más allá de sí mismos... a otras personas y a una vida más rica y más plena".

—Susan RoAne

Creo que ya sabes lo que sucederá en tu vida si no tomas acción. Cosas. Y muy pocas de esas cosas habrán sido decididas por ti.

En caso de que no te hayas dado cuenta, de algún modo la vida sigue sucediendo con o sin nuestro consentimiento. No se detiene por nada ni por nadie. Es implacable.

Mientras tú estás esperando, pensando en cuál es la próxima jugada, la correcta, la de ganar, te convendría considerar esto: esperar no te llevará a ningún lugar. La osadía es lo que triunfa.

Aprendí una de las lecciones más importantes de la vida respecto a tomar acción cuando tenía sólo cuatro años.

Alrededor de 1965, en medio de la batalla por los derechos civiles, mi padre se entrenaba para ser pastor en una iglesia afroamericana de la Unidad Metodista, en Harlem. Su plan era entrenarse allí y fundar un nuevo ministerio con servicios en español para la creciente comunidad puertorriqueña. Detrás de él, nuestra familia se destacaba como el dedo machacado del proverbio. Sin embargo, yo no estaba consciente de esto; a los cuatro años comencé a ir a la escuela sin tener idea de que yo no era negra. Pero los niños no demoran en enseñarte de manera cruel sus lecciones.

Mi primer día en el kindergarten me confundieron con una niña blanca, me golpearon con fuerza y me lanzaron por la puerta hacia afuera. Cuando se cerró la puerta de la escuela, me quedé en el exterior sin poder entrar, sola en el patio de la escuela. Nadie contestaba a mis gritos y golpes en la puerta. Estaba totalmente sola… perdida… sin saber en absoluto cómo llegar a casa.

Parada allí, bajo el resplandor seco y fresco de septiembre, aprendí mi primera lección de supervivencia. Me di cuenta de que yo no tenía otra cosa que hacer más que poner un pie delante del otro. Recogí mi bolsa escolar, escogí una dirección y comencé a caminar.

Caminé durante lo que me parecieron horas, hasta que me encontré en una esquina de comercios que me pareció familiar. A mi derecha había una quincalla y a la izquierda una fonda. Y justo detrás de la fonda vi finalmente algo que reconocí: un anuncio del café Maxwell House. Corrí hacia el anuncio con el corazón queriéndoseme salir, y después de él me encontré los escalones de nuestro apartamento.

Ese día me enseñé una de las lecciones más esenciales de la vida, y de los negocios: es esencial seguir adelante, inclusive cuando no hay un mapa. Si yo hubiese esperado para que alguien me tomase de la mano y me llevara a casa —o hacia el éxito—, probablemente todavía estaría allí parada con mi bolsa escolar al hombro y el corazón repleto de temor.

Tienes que seguir, aun si no estás totalmente segura de cómo llegar a donde quieres ir. Como dice el antiguo proverbio: "Dios no puede guiar una bicicleta que no se mueve". Pon los pies en los pedales y comienza a darle vuelta a las ruedas. Siente la brisa sobre las mejillas, el sol sobre la espalda, el dulce aire fresco que te llena el pecho... y disfruta el viaje.

USA TUS CORAZONADAS

Uno de los primeros carteles que ves en tu camino, orientando tu recorrido, puede ser una corazonada. Es tremendamente importante tomar en cuenta esas corazonadas, aun si te dan un poco de temor, porque las corazonadas son realmente percepciones internas disfrazadas.

Eso fue lo que hizo Aubyn Burnside.

A los diez años, Aubyn se convirtió en la fundadora de *Suitcases for Kids* (Maletines para Niños). Ella inició el proyecto después de haber escuchado a su hermana Leslie, que es trabajadora social, describir cómo a menudo los niños adoptados temporalmente se iban de una casa a otra con todas sus pertenencias metidas en bolsas plásticas de basura.

Aubyn pensó en el mensaje que esto les enviaba a los niños: si toda tu vida se mete en una bolsa de basura, tal vez tú mismo no eres más que basura. Esto la disgustó tanto que comenzó a investigar las formas de ayudar a que esos niños adoptados temporalmente mejoraran su autoestima. Su idea: ¿no sería maravilloso que estos niños pudieran tener sus propios maletines para guardar sus pertenencias personales, sin importar dónde vivieran?

Entonces tomó acción. Les preguntó a amigos y vecinos si estarían dispuestos a donar las maletas que no usaban y que estaban acumulando polvo en sus sótanos, garajes y áticos.

Aubyn no formó un comité. No hizo una votación. No pidió permiso. Sencillamente *lo hizo*.

Después de hablar ante grupos religiosos y escolares de su localidad, se extendió hacia organizaciones estatales y nacionales. Antes de que se diera cuenta, ¡se habían donado miles de maletines y el proyecto se había expandido a 50 estados y 16 países!

Aubyn no escuchó las voces que decían: *Eres demasiado joven. No sabes lo que estás haciendo. Esto nunca ha sido hecho.* En lugar de eso, hizo la cosa más natural del mundo. Siguió una corazonada y actuó, aunque no tenía la menor idea de cómo llegar a su destino. Su corazonada fue realmente una percepción personal sobre las necesidades de los demás. Se emocionó con la situación de otras personas y decidió hacer algo acerca de eso. Al principio de su jornada, debe haber tenido momentos de duda e incertidumbre, pero mira lo que logró al superar sus temores.

Aubyn Burnside y otros como ella son pruebas vivientes de que es en el ámbito de la incertidumbre donde vas a encontrar las mayores recompensas y sorpresas de la vida.

SÉ ATREVIDA

A lo largo de los años, me he hecho el propósito de llegar más allá y expandirme cada vez que siento que hay una oportunidad.

Pero las oportunidades no tienen etiquetas como en "Alicia en el País de las Maravillas" que dicen TÓMAME. No se lanzan a tu paso. Tienes que estar buscándolas.

Una de mis acciones favoritas es escribir cartas a las personas que me parecen inspiradoras. Es una manera directa y personal de entrar en contacto con alguien que, de otro modo, estaría fuera de mi alcance.

Te asombrarías de lo que unas cuantas palabras y una estampilla de 34 centavos puede producir.

Un viernes por la tarde me encontraba en el Aeropuerto O'Hare en una situación muy incómoda. Había estado viajando muchísimo, mis reuniones no habían salido bien y acababa de perder mi conexión de vuelo. Me sentía como un trapo viejo.

Cuando empiezo a sentirme así, me voy directo a la librería. Los libros me han revivido y estimulado en incontables ocasiones, desde mi época de niña, cuando solía escaparme con los misterios de Nancy Drew.

Esa tarde, recorrí las librerías del aeropuerto de Chicago. Escogí el libro de Lou Pritchett *Stop Paddling and Start Rocking the Boat* (Deja de remar y empieza a mecer el bote). Pritchett es una leyenda del mundo de los negocios que, por su propia definición, fue en una ocasión vendedor de jabones para Procter & Gamble. Después de una famosa excursión en canoa con Sam Walton, el fundador de Wal-Mart, él diseñó el sistema integrador que une a Wal-Mart y P&G.

Dondequiera que llegues a una caja de cobros de Wal-Mart con un envase de detergente para ropas de Procter & Gamble, el código en un costado de la caja es enviado electrónicamente a esa compañía. El enlace directo ayuda a P&G a planear cuánto jabón necesita fabricar y dónde debe ser enviado. Esto permite a la empresa planear la producción, invertir recursos y comprar materia prima y materiales de una manera eficiente.

Lou Pritchett es el arquitecto de este sistema. Ahora que está jubilado, es uno de los oradores de negocios más solicitados del mundo.

Parada allí en la terminal, hojeando el libro de Pritchett, encontré que su advertencia —no puedes ir a ninguna parte si no meces el bote— era lo que yo necesitaba escuchar en ese momento. Sí, es difícil, y puedes darte de bruces contra el piso, dice él, pero de todos modos tienes que hacerlo. En cuestión de minutos, sus palabras habían eliminado mi malestar.

Compré el libro y me monté al avión, sin dejar de leerlo. No recuerdo el despegue ni el aterrizaje. El libro de Pritchett me afectó tan profundamente que investigué un poco y le escribí una carta cuando llegué a casa.

La carta comenzaba: "He acabado de leer su libro, de nuevo. Como usted esperaba, sus experiencias se han convertido en una fuente de 'educación, motivación e iluminación' para mí…"

Después de presentarme, le pregunté si podría ayudarme a buscar a alguien que fuera mi mentor en el mundo empresarial. Hasta incluí un formato de respuesta y un sobre con mi dirección para que le fuera más fácil responderme; luego eché todo en el correo antes de que yo pudiera cambiar de opinión.

Ocupada de nuevo con mi vida cotidiana, me olvidé de la carta.

Al poco tiempo, regresaba a mi casa del trabajo y encontré un mensaje en mi contestadora con una voz masculina de un suave dejo sureño: "Deborah, éste es Lou Pritchett. Si estuviera trabajando todavía, te contrataría al instante. Llámame". Y me dejó su número.

Me quedé ahí parada, con el abrigo a medio quitar, mirando fijamente al teléfono como si le hubieran salido alas.

Después de respirar profundamente unas cuantas veces, le telefoneé. Esa llamada fue la primera en una serie de conversaciones que se convirtieron en verdaderos regalos. A Lou le gustaba mi ánimo y reconoció mis logros. También me ayudó a dirigir parte de mi energía.

Luego, cuando me invitaron a hablar para Wal-Mart, ¿qué mejor persona para compartir esto que con Lou Pritchett, quien se conocía a todas las personas importantes allí? Poco después él me prestaría ayuda nuevamente, cuando le presté mis servicios a Wal-Mart.

¿ME ESTÁ ESCUCHANDO ALGUIEN?

Inclusive si estás involucrada en lo que parece ser una correspondencia en una sola dirección, no subestimes su valor. En ese momento podría parecer que la otra persona no está escuchando. Pero no siempre sabes lo que está pasando en el otro extremo. Las personas —sobre todo las que toman decisiones importantes— están ocupadas y no siempre pueden tener tiempo para responder. Pero eso no significa que no están leyendo tus cartas y apreciando la relación.

Marian Wright Edelman, la fundadora del *Children's Defense Fund* (Fondo de Defensa Infantil), es una de las activistas de derechos de los niños más importantes del país. Galardonada con la Medalla de la Libertad, el mayor honor que puede recibir un ciudadano en Estados Unidos, ella es una inspiración personal. Yo he seguido sus logros durante años, desde que habló en mi ceremonia de graduación en Barnard College. Siempre he sentido que fui beneficiaria de su valiente labor en la lucha por el bienestar de los niños.

A lo largo de los años le he enviado notas en respuesta de un libro que ella ha escrito o una conferencia que ha dado. Al mismo tiempo la he mantenido al tanto de mis proyectos. Aunque por lo general no recibía respuestas a mis notas, yo seguía sintiendo que manteníamos una especie de comunicación.

Resultó que yo tenía razón. Después que le informé de un reciente premio, ella me envió una carta personal que terminaba así: "Con un profundo agradecimiento por todo lo que has hecho y sigues haciendo por los niños".

Esta carta, que ahora cuelga de una pared de mi oficina, me ha librado de incontables momentos en los que me sentía muy mal mental o emocionalmente.

Cuando me he estado sintiendo deprimida, la miro y pienso: "¡Marian Wright Edelman cree en ti! ¡Mejor que te levantes y hagas algo!"

ADELANTE, ATRÉVETE A CAERTE

Me demoré 36 años en aprender a montar bicicleta.

Cuando era niña, la bicicleta no estaba en mi lista de prioridades. Luego, cuando tuve el dinero para comprar la que quisiera, seguía sin aprender. Me imaginaba que iba a pasar todo tipo de vergüenzas en mi barrio. Me veía cayéndome de fondillo frente a un grupo de elegantes damas del club de jardinería: *¿Quién es ésa? Oh, ésa es la señora que salió en el periódico... sabes, la de la sombrilla.* Pero no, no hubo elegantes damas del club de jardinería paradas alrededor de mi patio, lo que demuestra lo estúpidos que son realmente tales pensamientos.

Atormentada por una imaginación especialmente vívida, me veía golpeando de refilón los automóviles, resbalándome sobre el hielo, revolcándome calle abajo y contra el tráfico. Hasta podía visualizarme acostada en mi ataúd con una bata de dormir de satín blanco, una rueda de bicicleta jorobada alrededor del cuello y el manubrio metido en… bueno… no importa.

Desde mi ventana miraba con envidia cómo los demás pedaleaban, despreocupados, con los cabellos al aire. Mientras más posponía aprender, más grande se hacía la amenazante tarea en mis torturadas fantasías. Parecía como si todos estuvieran volando, mientras que yo estaba pegada a la tierra, agarrada por mis temores estúpidos.

Matthew, mi hijo más pequeño, fue el único que, finalmente, me motivó. El había notado mi mirada ansiosa y patética.

—Tú también puedes hacerlo, Mami —me dijo, con sus grandes ojos llenos de amorosa preocupación—. Yo te ayudaré.

Yo tenía que hacer algo. Una cosa es ser una pusilánime, pero otra es permitir que tu hijo te vea acobardándote.

Así que tomé acción. A veces tienes que tomar acción, cualquier acción, para comenzar. Me compré una bicicleta, pero el sillín estaba incómodo. Mandé a pedir un sillín especial ancho que demoró varias semanas en llegar, de lo cual me sentí eternamente agradecida. Cuando el sillín llegó, era demasiado grande y tuve que pedir otro. Pasaron unas cuantas semanas más antes de que apareciera el apropiado.

Por supuesto, ahora que tenía arreglado lo del sillín, me di cuenta de que necesitaba un casco mejor y almohadillas de protección adicionales para mi barbilla, muñecas y codos. Sabía que estaba urdiendo obstáculos para retrasar mi primera salida, y mi hijo también lo sabía.

—Vamos, Mami. ¿No estás lista ya para montar tu bicicleta? —me preguntaba siempre. ¿Qué podía yo hacer?

Con todas mis articulaciones protegidas con espuma de goma y la cabeza encasquetada en plástico, y miles de fantasías fatales dándome vueltas en la cabeza, salí tambaleándome hacia el patio con mi hijo. Después de mirar alrededor para asegurarme de que no había damas del club de jardinería observándome, puse las piernas a los lados de la bicicleta. Me arriesgué a lucir como una idiota y empecé a darle a los pedales.

Valió la pena enfrentarme a mis temores sólo por ver la sonrisa que me lanzó mi hijo al pasar por mi lado pedaleando.

—¿Ves? —me dijo—. ¡Yo sabía que podías hacerlo! —Después de todas las veces que yo le había dicho a él esas palabras, me alegró enormemente que me las dijera a mí.

Me ha tomado tres años, pero ahora puedo dar la vuelta entera de todo el sendero circular de entrada de autos de mi casa. Como el personaje de Dustin Hoffman en *Rainman,* yo soy "una buena conductora". Todavía siento temor de ir calle abajo o montar donde hay tráfico, pero ésas son mis próximas metas.

Si me hubise dejado llevar por mi propio impulso, puede que nunca hubiese montado esa bicicleta. Podría haber vivido toda mi vida sin experimentar jamás esa sensación estimulante, sin haber visto esa mirada en el rostro de mi hijo, sin pedalear al lado de otra persona como si eso fuera lo más natural del mundo.

Ahora estoy pensando en una moto Harley.

No hay límites para las excusas. Siempre podemos inventar razones para no tomar acción. Pregúntate ahora mismo:

- ¿Qué "bicicleta" he ansiado montar, pero no lo he hecho por culpa del miedo?
- ¿Qué excusas he inventado para evitar darle a esos pedales?
- ¿Cómo puedo dejar de hacer caso a esas excusas y comenzar mi viaje?

HAZ QUE LA SUERTE SUCEDA

Yo proveo los fondos para una beca para jovencitas de la secundaria Taft High, en el sur del Bronx, la escuela donde hice noveno y décimo grados sobrecogida de miedo.

Cuando comencé a asistir a Taft, era una mofletuda alumna principiante de 12 años con temor a perder la vida. Taft era una escuela donde podías entrar al servicio y encontrarte a un compañero de clases muerto o en sobredosis de drogas. Era un sitio donde la policía, equipada contra disturbios, montaba guardia en los pasillos.

Recuerdo tan claramente cómo me sentía al tener que vivir aterrorizada, separada de la cultura tradicional de Estados Unidos, y ahora quiero ayudar a otros jóvenes a que concentren su atención en su propio premio personal: su futuro. Pero cuando llegó el día de la ceremonia de entrega de la beca, me sentía totalmente agotada. Había estado viajando durante semanas y estaba exhausta.

Lo menos que tenía ganas de hacer era dejar mi cómodo mundo fuera de la ciudad y viajar hasta mi antigua escuela del Bronx, adonde aún era tan peligroso ir que tenías que pasar a través de detectores de metal y ser escoltado todo el tiempo.

Le pedí a una amiga que me acompañara a la ceremonia, pero en el último minuto canceló. Antes que tener que conducir sola hasta el Bronx, estaba lista para enviar a la escuela el cheque para costear la beca. Hasta agarré el teléfono para llamar al número del servicio de recogidas. Pero entonces miré la carta de Marian Wright Edelman, y solté el auricular y me vestí.

Cuando llegué a Taft, había una multitud en el exterior y había vigilantes por dondequiera. *Probablemente una sobredosis de drogas o un tiroteo desde un auto,* pensé.

—¿Qué está pasando allá afuera? —le pregunté a la secretaria cuando llegué a la oficina del director.

—Están poniéndole un nombre nuevo a la calle —me dijo.

—¿Cuál?

—Levin Way. Por Jonathan Levin.

Entonces entendí; Jonathan Levin había sido un querido maestro de Taft High School antes de que lo asesinara un antiguo estudiante.

Casualmente, uno de los temas que yo traté en mis comentarios esa tarde fue cuán importantes habían sido los maestros en mi vida. Hablé de cómo maestros como Jonathan Levin ponían a diario potentes depósitos de esperanza en las vidas de innumerables niños sin recursos ni posibilidades que vivían en los barrios pobres de la ciudad, sin esperar nada a cambio.

Ese día fue horriblemente caluroso, y el auditorio no tenía aire acondicionado. Los bebés lloraban. Niños inquietos pululaban por los pasillos. Sentados entre esa multitud acalorada y desbordante, en sillas de madera de tijeras, estaban la madre y el padre de Levin, el Funcionario Ejecutivo Principal de Time-Warner, Gerald Levin.

La combinación de valor y angustia que vi en sus rostros es algo que nunca olvidaré. A diferencia de muchas personas, que se habrían hundido en la autocompasión o la amargura, los Levin se presentaron en la secundaria Taft para otorgar fondos para becas a nombre de un hijo que se había preocupado tanto por los chicos de ese lugar.

Mi oportunidad de conocer y hablar con los Levin fue un privilegio que jamás se me habría presentado si me hubiese tirado el cobertor sobre la cabeza, como me había sentido inclinada a hacer esa mañana. Mi recompensa por salir de la cama fue una rica experiencia que siempre recordaré. Y me gustaría creer que el encuentro benefició también a la familia Levin, mostrándoles un ejemplo viviente de la diferencia que representó su hijo para esos niños de los barrios pobres.

Esta clase de experiencias de obtener algo bueno sin esperarlo me ha sucedido una y otra vez cuando me esfuerzo en hacer el bien sin mirar a quién. Y yo estoy segura de que tú has tenido experiencias parecidas en tu vida. Cuando quieras avanzar y te falte el poder:

- ◆ Recuerda un tiempo en el que avanzaste y encontraste un sitio mejor.
- ◆ Concéntrate en ese éxito. Si una apuesta te dio resultado una vez, otra nueva puede resultarte otra vez.
- ◆ Recuérdate que todo no es como parece. Las semillas que sembraste están germinando debajo de la tierra, aunque no veas nada verde.
- ◆ No esperes hasta "sentirte bien" para tomar acción. Es el movimiento lo que crea los sentimientos de bienestar.

Nunca subestimes el poder de un pasito hacia adelante. Un movimiento de tu parte puede provocar una cadena de eventos que nunca habrías podido predecir. Pero no hay modo de descubrir esto si no te mueves.

ARRIÉSGATE A PERDER

Por supuesto, yo he tenido que doblarme en el juego con muchísimas cartas malas. Pero si no hubiera regresado a la mesa, nunca habría ganado nada.

Una jugada arriesgada que me atreví a hacer fue una carta de presentación al CEO de Sears. Le describí por qué yo pensaba que nuestras compañías harían una pareja perfecta y las formas mutuamente ventajosas en que podríamos trabajar juntos. Recibí una fría respuesta de un subalterno, la cual, en esencia, decía: "¿Quién se cree usted que es que le escribe a nuestro CEO? No nos llame, y nosotros sin duda que no la vamos a llamar a usted".

Tuve un resultado parecido cuando escribí a Eckerd Drugs, en la Florida. Pero si me hubiera dado por vencida después de estos dos rechazos, no habría encontrado el éxito que estaba esperándome a la vuelta de la esquina.

Después, escribí una carta a Costco (yo soy implacable). Pero esta vez el CEO me llamó personalmente y me invitó a reunirme con él. Resultados parecidos tuvieron lugar después con Wal-Mart y Toys "R" Us, eventos que produjeron logros impredecibles.

A nadie le gusta que le digan que no. Eso duele. Pero si sigues pidiendo, finalmente vas a obtener un sí. Un gran sí puede sanar un montón de heridas leves de nuestro ego. De cualquier modo, no o sí, nunca lo sabrás a menos que trates de llegar a los demás.

MUESTRA TUS CARTAS

Muestra siempre las cartas que tienes en la mano… por lo menos a ti misma. En todo momento, conoce lo que está sucediendo en esa cabeza tuya. Desarrolla una relación íntima con los duendecillos que apalean tu resolución y sabotean tu juego. No para que salgas a pasear con ellos —son una terrible compañía—, sino para que puedas reconocerlos y enviarlos a freír espárragos.

El superpreocupado

Siempre a la búsqueda de problemas, este provocador de ansiedad está constantemente inventando la peor situación posible: *¿Qué pasa si luzco como una idiota? ¿Qué pasa si fracaso? ¿Qué pasa si acabo como una pordiosera?* Este pensamiento irracional crea pánico, disminuye el poder y hace que la ansiedad se disemine más rápido que un catarro invernal. Cada vez que empiezo a perder poder por culpa de la preocupación, me obligo a enfocarme en el momento y la tarea que tengo justo delante de mí. Literalmente, hablo conmigo misma, diciéndome cosas como: *Puedo manejar esto; he manejado esto anteriormente y lo puedo hacer otra vez.* Y no paro hasta que creo mis propias palabras y estoy, una vez más, asentada en la realidad.

El crítico

Especializado en el escrutinio constante y la autoevaluación, este duendecillo especialmente desagradable está siempre allí para señalarnos nuestros defectos y hacernos notar nuestras limitaciones. Ignorando tus atributos, éste crea ansiedad al magnificar tus desventajas. El es quien siempre está diciendo que tú deberías ser lo que no eres... más delgada, más alta, más inteligente. El resultado de su presencia casi siempre es una reducción de la autoestima.

La amiga tristona

La amiga tristona, esa lúgubre llorona, te toma de la mano y te lleva directamente al valle de la depresión con sus sentimientos de desesperanza y victimización. Para la amiga tristona todo es un obstáculo o una barrera. La queja y el lamento son sus especialidades. Ella es la voz que te murmura al oído: *¿Qué sentido tiene tratar?*

Estos desgraciados pequeños atormentadores son más que molestias. Si los dejamos, nos quitarán nuestro poder, causarán inercia y obnubilarán nuestro enfoque. También pueden agotar nuestras reservas mentales y emocionales de tal forma que nos quedemos vacías y confundidas. Todo lo que querremos hacer es acurrucarnos dentro de una caverna en algún sitio y tomar una larga siesta.

Pero es la acción lo que aleja al superpreocupado, mata al crítico y le da a la amiga tristona una patada por el trasero. Actuando, cometiendo errores, cayéndonos de bruces y regresando al juego de nuevo, es como aprendemos y crecemos.

NUEVE JUGADAS PARA DESTERRAR LA INERCIA

1. Escribe una carta al editor de una publicación especializada o a tu periódico local respecta a un asunto que te preocupa.
2. Únete a una organización en la que puedas trabajar con otras personas para lograr una meta común.
3. Sirve en una junta con personas a las que te gustaría conocer.
4. Escribe una nota a tu autor favorito acerca de un libro que te agrade.
5. Haz una llamada telefónica elogiando a alguien que te brindó a ti —o a alguien que tú conoces— cortesías y atención especiales.
6. Llama para preguntar acerca de un catálogo de carreras universitarias e investiga una nueva área de interés creativo.
7. Toma un seminario con personas de otros ramos para aprender una nueva destreza.
8. Da la vuelta por esa parte de la calle que nunca has visto; trata de conocer al colega al otro lado del corredor, o al dueño del negocio de al lado.
9. Dedica un momento para mirar alrededor y ver cómo puedes brindar una mano o una sonrisa.

En algún momento necesitas sacrificar lo que es predecible por lo que es posible. Pon un pie delante del otro y toma acción.

Capítulo 4

Planea un viaje bien pensado

"Si no sabes adónde vas, cualquier camino te llevará allí".

— Anónimo

¿Te montarías en un taxi y le dirías al taxista: "Lléveme a cualquier lugar"?

¿Entrarías en el primer avión que viste en la puerta de la terminal de salidas sin tomarte la molestia de preguntar adónde va?

Claro que no. Sin embargo, es asombroso cuán desenfocadas podemos estar respecto a la posesión más importantes que tenemos: nuestras vidas.

Las metas no deben ser confusas, incompletas, ni borrosas. Vivir la vida deliberadamente exige estar enfocada, porque hoy día estás viviendo las decisiones que tomaste ayer, y mañana vivirás las decisiones que estás tomando hoy.

Mientras más precisa, exacta, directa y específica seas acerca de lo que deseas, más poderosa será tu vida. Es como pintar con números, pero al revés. Primero viene la imagen total, luego los pedacitos que conforman la imagen total.

Pero no quiero decir que debas usar anteojeras como los caballos de coches del Parque Central de Nueva York. Ellos los necesitan para que no se azoren con el tráfico. Pero tú *tienes* que estar consciente de lo que está sucediendo a tu alrededor mientras te encaminas a tu destino. Puede que quieras seguir un desvío, hacer una parada para descansar o hasta dar un giro de 180 grados. Enfócate, pero también sé lo bastante flexible como para zafarte y galopar libremente por otro sendero.

Estos viajecitos adicionales a menudo producen ganancias imprevistas.

La Viagra fue descubierta cuando los científicos estaban en medio de la búsqueda de una nueva medicina para la presión alta. Durante las pruebas clínicas, los pacientes informaban una y otra vez acerca de un interesante efecto secundario: el aumento de la erección sexual. Por accidente, los investigadores habían descubierto algo mucho más fascinante y rentable que aquello que habían estado buscando originalmente. Cambiaron de rumbo, abandonaron la ruta de la presión sanguínea, y el resto es historia sexual.

Mi ambición original era ser abogada, y eso me hizo mucho bien. Mi sueño me mantuvo enfocada y luchadora, y al cabo del tiempo brindó el impulso que yo necesitaba para escapar del gueto y avanzar hacia la vida que vivo hoy día.

He tenido algunos otros viajecitos adicionales a lo largo de la ruta: lograr una maestría en administración pública, tratar de matricularme en la escuela de negocios, convertirme en genio de la moda. Ninguno de estos viajecitos se convirtieron en mi verdadera vocación, pero me enriquecieron, me ofrecieron contactos invaluables, y revelaron nuevas y poderosas direcciones.

Los muchos años que pasé trabajando con algunos de los mejores diseñadores y vendedores del mundo —Bill Blass, Oscar de la Renta, Walt Disney Company y Warner Brothers— fueron de incalculable valor. Fue durante esos años cuando descubrí mi propia creatividad y desarrollé mis habilidades comerciales.

Ahora, para mí no hay mayor emoción o desafío que un lienzo en blanco. No sólo estoy preparada para un mundo donde los productos y soluciones tienen que ser creados en el camino, ¡sino que también *crezco* con el reto!

Realizar tus sueños requiere ir de una meta a otra con total determinación y propósito. Es este foco el que te abrirá a los descubrimientos accidentales que generan logros poderosos y traen la aventura nuevamente a tu vida.

UNA GRAN AVENTURA

Desecha la excursión prepagada

Ya sabes cómo es cuando te pones por equivocación los espejuelos de otra persona: en seguida te da dolor de cabeza y el mundo se convierte en una borrosa confusión.

Eso es justamente lo que sucede cuando usas la visión de otra persona como una guía para tu propia vida.

Examina seriamente tus metas. ¿Te vigorizan, o son sólo un reflejo de lo que tú crees que *deberías* querer?

Además, necesitas preguntarte si este sueño es algo que todavía deseas. Es correcto, y hasta necesario, echar las metas a un lado de vez en cuando. A medida que crecemos y cambiamos, a medida que recopilamos nueva información, a medida que evoluciona el mundo que nos rodea, podríamos descubrir que un sueño determinado ya no nos conviene. No hay por qué avergonzarse de abandonar una meta; a veces es el curso de acción más inteligente; y tú tienes el poder de alterar tus planes.

Para Mercedes Montealegre de Orjuela, hija de inmigrantes colombianos, realizar el sueño americano significaba ganar dinero, por lo cual se entregó a eso con absoluta dedicación.

El problema es que ese no era *su* sueño. Pero demoró algún tiempo en descubrirlo.

Abandonó la escuela en el grado décimo, decidida a conseguir las cosas que otros estadounidenses poseían. Trabajó en una fábrica de costura, luego en una fábrica de contenedores, siempre enfocada en la recompensa de éxito material. Luego, encontró trabajo en una agencia de seguros, y en seis meses se había convertido en una exitosa ajustadora de reclamaciones.

En 1985 había alcanzado la prosperidad, tenía una vida buena, una casa grande y un Mercedes. Pero no era feliz; aquello no era suficiente. Al haber comprado la excursión prepagada de otra persona, estaba viviendo el sueño de éxito de otra persona.

Así que renunció a todo y cambió de dirección. Después de años de probar alternativas, vendió su lujoso automóvil y su casa, y se dedicó a estudiar la carrera de medicina.

Ésta, sin duda, fue una decisión difícil. Pero ahora, después de muchas noches sin dormir, Mercedes, a los 41 años, está terminando su residencia médica en práctica familiar.

Hoy día, la Dra. Mercedes Montealegre de Orjuela está casada y es madre de Andrés y de seis hijastros. Vive con su familia en Florida en la misma casa a la que renunció para comenzar este recorrido.

Como Mercedes, tú debes escoger un destino que te energice, que te rete, que te emocione *a ti...* no a otra persona. Si no, cuando lleguen las barricadas del camino —y llegarán— te faltará el poder necesario para atravesarlas.

Afina tu enfoque

Una vida llena de intención puede realizar un solo conjunto de metas a la vez. Vierte toda tu intención en una dirección específica y avanza de acuerdo a lo que salga de allí.

Cuando yo era muy joven y estaba enfrascada en desarrollar mi carrera a toda máquina, descubrí que mi reloj biológico estaba marcando a paso acelerado. La endometriosis estaba dañando ferozmente mi tubería, y en poco tiempo iba a ser incapaz de tener hijos.

Tuve que reenfocar mi atención y energía, sacarlas del mundo de los negocios y enforcarlas en ser madre, aunque eso fue una desesperada interrupción del ordenado plan de mi vida. Mi esposo, Steve, y yo realmente queríamos tener hijos. Y aunque nos hubiéramos sentido felices adoptando un bebé, decidimos agotar primero la ruta biológica. Encontramos el mejor especialista en infertilidad de Nueva York y nos pusimos a trabajar. Muchísimos medicamentos y varias operaciones después, tuve tres hijos varones, con un intervalo de dos años entre cada uno.

Hasta la mujer más dotada tiene que ser muy exigente. Como ya discutimos anteriormente —y contrariamente a la opinión popular— los seres humanos, limitados, finitos, *no pueden* "tenerlo todo".

Renee Fleming, una diva de la ópera que es tan popular que sus conciertos están vendidos con años de antelación, antes era, asombrosamente, cantante de jazz y de ópera. Con el tiempo, se le hizo evidente que no podía estar de gira con una banda de jazz y entrenarse para la música clásica. Tuvo que afinar su enfoque. Y aunque adora la ópera, extraña el jazz. Hoy día, se esfuerza en mezclar su vida ambulante en la ópera con su papel de madre a cargo de sus hijos.

<u>Planea</u> tu propio itinerario

El deseo de que llegue el Príncipe Azul y la lleve a su castillo es una fantasía que incluso la más rebelde y exitosa de las mujeres podría haber alojado en algún rincón de su mente.

Ni yo, con toda mi independencia, fui una excepción. Cuando comencé, no sabía lo que quería. Sólo sabía lo que *no* quería: barrotes de metal en mis ventanas, cucarachas caminándome por las orejas durante la noche, drogadictos en los escalones a la entrada de mi casa.

Yo estaba segura de estas cosas, pero mi destino final no era tan obvio. Cuando me casé con mi esposo, a los 24 años, estaba exhausta de trazar estrategias y de luchar contra lo que no quería. Sólo quería un poco de descanso; quería que otra persona fuera la que tomara las decisiones en mi vida. Ahora sé que cuando tomo decisiones por pura debilidad, o por agotamiento, o porque me siento vulnerable, a menudo acabo lastimándome.

Él era mayor y tenía más experiencia; yo estaba loca por él y sabía que me amaba. *Tal vez él sabe dónde se supone que vayamos, qué es lo que debemos hacer a continuación*, pensé.

Aquí estaba yo, la rebelde de la familia, la única hija cuya razón para irse de la casa no había sido el matrimonio, y estaba esforzándome todavía para ajustarme a las vestimentas de mi madre y mis tías, que permitieron que los hombres de sus vidas u otras personas planearan sus destinos.

Pero pronto esos apretados ropajes comenzaron a irritarme.

Me encontré sentada a la mesa durante el desayuno, escuchando a mi marido hablar acerca de sus metas y sueños, y pensando: *¿Vas tú a quedarte sentada aquí y fingir que no tienes nada que agregar? ¿Dónde quieres ir tú? ¿Cómo quieres llegar allí?* El problema era que yo tenía pocas respuestas para mis propias preguntas.

Yo era una joven agresiva con muchísimas ideas propias. No había razón para que dudara y me echara a un lado.

Esa ansia interna no podía ser satisfecha por la dirección de mi esposo, ni la de nadie. Tenía que ser yo quien tomara mis propias decisiones. Tenía que diseñar el desarrollo de mi propia vida.

Cuando vi esto, solté las amarras de mi anticuado corsé y comencé a respirar profundamente de nuevo.

Ponte a ti misma en primer lugar

Igual que nuestras abuelas, que eran siempre las últimas en sentarse a la mesa durante la cena, muchas de nosotras esperamos a que todos estén satisfechos antes de prestarnos atención a nosotras mismas.

Poner las necesidades de los demás por encima de las nuestras es sólo otro desvío. Es otra excusa para salirnos de la ruta.

Debemos enseñarnos a nosotras y a los demás la importancia de honrar nuestras necesidades y deseos.

Linda Novey White es una sobreviviente, una mujer que salió de una niñez pobre para convertirse en la CEO de una firma de consultoría internacional. En el camino, venció al cáncer tres veces, pasó por un divorcio, y sufrió las enfermedades crónicas de dos hijas y la trágica muerte de una tercera.

Mientras criaba a sus tres hijitas, Linda descubrió una manera de enseñarles una lección importante respecto al equilibrio.

Cada día de la semana, alrededor del mediodía, cuando estaba en el aire la telenovela *As the World Turns*, las niñas tenían un período de descanso mientras su mamá también se relajaba. Al principio, las niñas se quejaban amargamente:

—No estamos cansadas ahora. No necesitamos descansar.

Pero Linda insistía:

—Tal vez *ustedes* no se sientan cansadas ahora, pero yo sí. Necesito pasar un tiempo tranquila y sola para poder ser una mami más agradable esta tarde.

¿Qué aprende una niña pequeña con una afirmación como ésa? Aprende una lección esencial acerca de los intercambios y de la necesidad de una mujer de tener un espacio y un tiempo para ella sola. Es una lección que una niña puede usar ella misma en el futuro y, al cabo del tiempo, transmitir a otras.

En el caso de Linda Novey White, sus hijas finalmente se acostumbraron tanto a estos períodos de descanso que se ponían soñolientas cada vez que oían el tema musical de la telenovela.

Linda dice: "No hay razón para perpetuar la fantasía de que nosotras podemos resolverlo todo, ser todo, hacerlo todo durante 24 horas al día, siete días a la semana". Tenemos que ser honestas con nosotras mismas y con los demás. Tenemos que asumir responsabilidad de insistir en lo que necesitamos para renovarnos.

Ahora que las niñas de Linda ya son grandes, ella todavía se asegura de darse estos períodos especiales.

"Yo trabajo ahora en una oficina en la casa, y es difícil tomarse un descanso, y tomar los descansos que una tomaría normalmente en un ambiente de oficina", dice. "Como viajo más de 200 días al año por razones de negocios, es aun más difícil hallar tiempo sólo para mí. Me he ajustado llegando a acuerdos conmigo misma".

Sus "acuerdos" incluyen las siguientes máximas:

- No trabajo en los aviones. Ése es mi tiempo para leer novelas o revistas superficiales. Es mi tiempo para escapar.
- Tomo siestas de poder de 20 minutos una vez al día tantas veces como pueda. A veces esto sucede en servicios públicos si es que no hay otro lugar.
- Tomo un helado o una barra de dulce cuando he logrado pequeñas victorias.
- En la oficina de mi hogar a veces no me doy un regaderazo hasta por la tarde.
- Voy a la manicurista (en algún lugar del mundo) una o dos veces al mes. No puedes trabajar y arreglarte las uñas al mismo tiempo, así que éste es tiempo de descanso obligatorio.
- Cuando estoy realmente muerta de cansancio, separo un turno para darme un masaje y/o un tratamiento facial. Éste es mi tiempo para aparcar mi cerebro en punto neutro o acumular un poco de "carga" para mis "baterías" descargadas.
- En mis días de más autoindulgencia, me voy al patio con un libro en el medio del día y leo durante un rato o, sencillamente, me pongo a soñar despierta.

Para Linda, soñar despierta es una manera de reflexionar sobre sus metas, la lista de deseos que ella quisiera realizar en el futuro.

"Algún día voy a tomar lecciones de yoga y a hacer meditación y a tomar clases de ballet y lecciones de arquería", dice. "Voy a aprender otro idioma y a tomar algunas clases más de cocina gourmet. Voy a regresar al gimnasio y a perder 20 libras y a dejar de saltar comidas. Todo esto lo pienso cuando sueño despierta".

Linda ha estado fantaseando desde que era una niña pobre que vivía en Tennessee. En ese entonces, se imaginaba volando en aviones hacia lugares remotos o tomando largos baños de agua caliente sin tener que hervir el agua en la estufa. Fantaseaba con tener un auto nuevo que no hubiera que reparar siempre y con leer libros cada vez que quisiera sin tener que ir a pedirlos prestados a la señora al final de su calle.

Estos sueños era una manera de darse permiso para pensar acerca de sus propios deseos, así como en las necesidades de los demás.

Ahora que es dueña de su propio negocio, ha logrado que esas fantasías, una por una, se conviertan en realidades.

La verdad es que no puedes *realmente* cuidar bien a ninguna otra persona si antes no has atendido tus propios deseos y necesidades profundas.

Para cambiar, trata de enfocarte en el "ego" de "egoísmo".

Intenta tratarte a ti misma como si fueras digna del mimo y la atención especial que les das a los demás, porque tú *eres* única y maravillosa… ¡y si alguien se lo merece, ésa eres tú!

Desvíate del camino trillado

Enfocarte en tu meta no significa que tengas que estar ciega ante los tesoros que puedas descubrir fuera de tu ruta.

Las notitas con pegamento por detrás fueron creadas cuando los científicos descubrieron una especie de pegamento que no era muy fuerte. Aunque no se pegaba permanentemente, ellos encontraron muchos usos para él en el laboratorio, mientras seguían concentrados en su meta verdadera: una goma que pegara más permanentemente.

Entonces les vino la idea de que si ellos encontraron tantos usos para el pegamento débil, también podrían hacerlo los demás. Así nacieron las notitas que se pegan (en inglés, *Post-it notes*).

Mientras corres por el camino hacia tu meta, mantente alerta a las sorpresas.

Yo era una empresaria a regañadientes. Inclusive después de ser dueña de mi propio negocio, todavía yo no la sentía como una profesión verdadera. En aquellos días, ser empresaria no era tan *sexy* como lo es hoy. Durante unos cuantos años —inclusive después de algunos éxitos logrados con mucho esfuerzo y con una pasión creciente por los negocios— yo seguía pensando que estaba haciendo este trabajo solamente hasta que llegara a la escuela de leyes o de negocios y tuviera un *verdadero* trabajo.

Cuando finalmente presenté mi solicitud y no me admitieron en Harvard ni en Stanford, me acongojé tanto que tuve que hablar con uno de los consejeros de admisión.

—Usted tiene una puntuación verbal casi perfecta, pero necesita mejorar en matemática —me dijo el consejero—. Tendrá que esforzarse bastante si quiere entrar.

Enfrentar esta alternativa me hizo concentrarme.

Finalmente fui capaz de ver que ya estaba donde necesitaba estar. Lo sentí como demasiado fácil porque era lo correcto.

En mi caso, sólo tenía que ver lo que tenía frente a mis narices.

<u>Abandona</u> un callejón sin salida

Si llegas a un callejón sin salida, detente. Saber cuándo es tiempo para abandonar una ruta es una habilidad necesaria de la vida.

Un competidor de la gran compañía donde tuve mi primer gran trabajo en ventas, me empleó. Era una empresa propiedad del hombre que se convirtió en mi suegro. Antes de que me diera cuenta, yo me había convertido en parte de un negocio de una familia judía muy unida. Yo no era solamente la más joven de todos los ejecutivos de cuentas; era también la *única* mujer entre los ejecutivos de cuentas.

No era la única hispana. Era sólo una de las pocas que no estaba en el piso de la fábrica y la única en los niveles ejecutivos. Por la mañana, pasaba ante las filas de hombres y mujeres de aspecto cansado, la misma gente con la que yo me había criado. Podía sentir sus ojos sobre mí cuando les pasaba por el lado taconeando camino de mi oficina, donde cerraba la puerta y trataba —sin éxito— de dejarlos fuera.

Yo trabajaba muchísimo. Quería probarme. Quería ayudar a esta familia —mi nueva familia— a triunfar. Y a medida que iba descubriendo lo que era importante para mí, me di cuenta de que había ciertas cosas que nunca obtendría mientras trabajara en la compañía.

La primera era identidad. Había un buen pedazo de mí escondido en el clóset de la ropa blanca. Sumergí mi parte ambiciosa, juguetona y respondona tratando de personificar a un obediente zángano. Pero la verdad era que yo no quería ser solamente otra abeja obrera en la colmena; yo quería ser la reina. Mi sueño verdadero era ser dueña de mi propio negocio, de tomar las grandes decisiones y ser la jefa.

Pero en esta compañía yo sólo era un diente de rueda en una gran maquinaria. Tenía que aguantarme la lengua y aguantarme las manos cuando lidiaba con personas a las que no respetaba.

Estaba tan ansiosa de ser aceptada, de ser una buena esposa, una buena nuera, una buena ejecutiva de cuentas y una buena madre, que fallé en enfocarme en lo que era esencial para mi felicidad personal.

Este conflicto tuvo su precio. Me sentía bajo una presión constante. Dormía menos horas; hice sacrificios. Trabajando en California, pero con la oficina principal situada en Nueva York (donde tienen tres horas de adelanto con relación a la costa oeste), a veces entraba a las seis de la mañana para poder hablar con ellos al comienzo de la jornada de trabajo y demostrarles que yo era una buena trabajadora.

A menudo me iba antes de que los niños se despertaran y me perdía sus saludos mañaneros. Otras veces, dejaba a mis hijos en la guardería y regresaba llorando al automóvil, con los gemidos de mi niño de dos años aún resonándome en la cabeza. En el estacionamiento, me limpiaba el rímel de las mejillas y me cubría las manchas debajo de los ojos.

¿Quién era esta mujer en el espejo retrovisor? ¿Qué estaba yo haciendo? ¿Para quién lo estaba haciendo? ¿Estaba esto haciéndome feliz?

Fue entonces que un ejecutivo de alto nivel se unió a la firma. Teníamos un conjunto de valores diferentes y se hizo cada vez más difícil lidiar con esas diferencias.

Un día, cuando sugerí que se le diera un proyecto a una de las mujeres jóvenes de la oficina, él dijo burlonamente:

—No podrás lograr que un puertorriqueño haga eso.

Me quedé en silencio durante el resto de la reunión, pero me sentía como si fuera a explotar.

Esa noche, mientras miraba a mis hijos arrastrarse sobre la alfombra jugando con sus Legos, las palabras de aquel hombre resonaban en mis oídos: *No podrás lograr que un puertorriqueño haga eso... no podrás lograr que un puertorriqueño...*

Me di cuenta de que un día mis hijos iban a mirarme y decidir si me respetarían o no según cómo yo había vivido mi vida.

Enfrenté aquello: estaba comprometiéndome tratando de ser parte de este negocio. Estaba prostituyéndome por dinero. Estaba viviendo el sueño y la historia de otra persona. No había dinero que valiera tanto.

Cuando miré al espejo, sentí que mi ser verdadero estaba derritiéndose como un muñeco de nieve.

Quería trabajar en un ambiente donde a cada persona se le diera el valor que se merecía, donde se diera por hecho que cada persona es capaz de tener grandeza. Pero pensé que mi deseo de diseñar una compañía basada en mi propia ética y mis valores era demasiado grande para alguien como yo.

No me había dado permiso para soñar tan grande, para querer tanto. Así que, en lugar de eso, me di permiso para ser desgraciada.

Pero comencé a escuchar a mi desilusión, a mis heridas, a mi rabia, y la angustia me iluminó el camino. Lo que funcionó fue verme a través de los ojos de mis hijos. Concentrarme en la madre que yo necesitaba ser para ellos me empujó en la dirección correcta. Comencé a considerar todo tipo de posibilidades en las que no había pensado anteriormente.

Me dije: *Bueno, ¿qué problema hay con tener dos nenes a los que tienes que cuidar? Ganaré el dinero de manera diferente.* Y comencé a buscar cómo hacerlo.

Me dirigí a mi suegro, un empresario amable y con mucha experiencia, y le hablé de un negocio que yo quería que hiciéramos.

—Es una situación excelente —comencé.

Él escuchó mi presentación, pero al final sacudió la cabeza.

—No podemos hacerlo —me contestó, y regresó a sus papeles. Como yo no me iba, alzó de nuevo la vista hacia mí.

—¿Le importa si yo lo intento?

Vi en su rostro una pasajera expresión de sorpresa. Luego se encogió de hombros y dijo:

—Adelante.

Estaba segura de que él no creía que yo podía. O de que lo haría.

Pero lo hice.

Para poder lograr este negocio por mí misma tuve que reunir toda la autoconfianza que fui capaz de encontrar en mí. Me ayudó muchísimo que mi esposo, que trabajó a mi lado, me estimulara a probar mis ideas locas. Tuve que llegar hasta mi centro mismo, donde había mantenido ardiendo la llama de mi sueño durante todos esos años. Tuve que enfocarme claramente en el tipo de vida que yo sabía que era posible para mí y para mi familia. Entonces, tuve que repartir mi sueño en etapas e impulsarme hacia ellas.

Primero hice la investigación. Luego hice las llamadas telefónicas y organicé una reunión. Y antes de que me diera cuenta, estaba parada en una oficina estrechando la mano de un comprador.

Hice el negocio yo sola.

Y entonces renuncié.

Cuando me fui de la empresa, algunos empleados de la compañía se me acercaron y me dijeron:

—¿Sabe lo que está abandonando? Su esposo va a heredar este negocio.

Y les dije:

—En primer lugar, no es mi dinero. En segundo, no puedo seguir comprometiéndome.

En verdad no podía respirar.

Fue una dura lección sobre la importancia de enfocarse. Pero valió la pena.

CONSEJOS DE UNA COMPAÑERA DE VIAJE

La mayoría de nosotras tenemos un sentido intuitivo de lo que queremos realmente, pero permitimos que eso se quede vago y sin reclamo, acumulando polvo sobre el estante.

Tal vez deambules por ahí diciendo: "Me gustaría ir a China algún día" o "Siempre pensé que podría ser una buena pintora". Sin embargo, sin escoger una meta clara, lo más posible es que la única conexión que llegues a tener con China es en el restaurante de comidas a domicilio. Y la única pintura que vas a llegar a hacer es la de tus uñas.

Sé específica

Esta pequeña pero poderosa acción baja a tus sueños de las nubes y los trae a la realidad. Escoge un momento en el tiempo, de tres a cinco años en el futuro. Imagínate que has creado tus circunstancias ideales. Piensa en tu edad y las edades de tus hijos o de otras personas importantes para ti. ¿Dónde estás? ¿Qué estás haciendo? Especifica tu meta con claridad. Después de llenar este cuadro, decide qué es lo que debes poner a funcionar en este momento para lograr que esa imagen se convierta en una meta posible.

Divídelo

¿Cuáles son los resultados específicos que debes lograr en tu camino hacia esa meta? Yo hago una lista de metas para dentro de seis meses, de un año, de tres, de cinco y de diez años y las leo a diario, antes de que comience el trajín del día. Hasta escribo los nombres de las personas a las que pienso conocer en cada período de tiempo. Cualquier persona a la que pueda necesitar dentro de tres años, tengo que conocerla ahora.

Fíjate un ritmo

¿Cómo vas a saber que estás progresando? ¿Cuáles son las marcas importantes del camino, los hitos a lo largo de la ruta? ¿En qué fecha harás la x? ¿Cuándo sales, cuándo llegas? Si es el momento de volver atrás, ¿cómo lo sabrás?

Descubre qué llevas en tu equipaje

La sicología popular habla mucho del "bagaje" que todos llevamos. Pero es importante que te des cuenta de que algunas cosas las has empacado tú misma, mientras que otras han llegado a tu equipaje por ellas mismas.

En un viaje reciente, mientras sacaba mi maletín del automóvil, noté un abultamiento grande, pero pensé que el contenido se había movido en el interior mientras conducía hacia el aeropuerto. Por supuesto, cuando llegué al avión mi maletín no cabía en el compartimento de encima del asiento. Al abrirlo para ver qué podía sacar, cayó de él un gran oso pardo de peluche. Sin que yo lo supiera, mi hijo Andrew había enviado su osito, para darme buena suerte, a lo que yo le había explicado que iba a ser una presentación muy difícil.

Vino en ese viaje no sólo Mr. Willy, sino también una aterrorizada Debbie, de nueve años. En momentos como éstos, a menudo tengo que recordarle que está a salvo, que todo va bien y que no vamos a tener problemas.

Tu pasado está contigo en el presente. Continúa fortaleciendo tu conciencia.

¿Qué te sirve, y qué no te sirve? ¿Estás trayendo a este viaje algo que preferirías dejar atrás?

Entrega el control

Déjalo ir. No vayas por la vida esperando que las cosas sean como tú quieres. Tú no puedes controlar el resultado. Lloverá, puede que el espectáculo que viniste a ver se inunde, puede que un rayo caiga en el hotel donde te estás quedando.

Deja que sea una meta lo que te guíe, pero sé rigurosamente flexible para conseguirla. Debe estar libre de expectativas.

Con mis planes muy bien trazados, me demoré diez años y tuve que pasar por cuatro *colleges* para obtener mi título de bachiller. Cuando por fin asistí a la graduación, llevaba una criatura de cinco meses acurrucada muy pegada a mi debajo de la toga.

Otra lección vino cuando estaba asistiendo a una conferencia muy importante celebrada por una de las organizaciones de comercio más poderosas del mundo dentro de mi ramo: la Asociación Internacional de Ventas Masivas (IMRA). El lugar estaba atestado de presidentes de corporaciones y personas que tomaban decisiones en los niveles más altos de las empresas más importantes del país.

Como tengo por costumbre, no dejé nada a la casualidad. Me llevó meses asegurarme una buena ubicación para el quiosco, programar reuniones útiles y hacer arreglos para tener el asiento adecuado entre la gente adecuada en la mesa adecuada durante la cena de clausura. Y por si eso no fuese suficiente, el espectáculo estaría a cargo de Patti LaBelle, una de mis divas favoritas.

Justamente cuando estaba a punto de ponerme mi elegante vestido para la noche, recibí una llamada en mi habitación del hotel. El corazón de mi hermano se había paralizado y estaba en coma.

Cuando llegué a la sala de cuidados intensivos mi jactancia desapareció. Todo aquello que estaba fuera de mis manos y fuera de mi control me hizo sentir humilde. Ningún plan, ninguna orquestación, nada *de nada* podía cambiar lo más importante de todo.

Cuidado: desvío en el camino

Siempre hay un desvío en el camino. A veces nos conduce a emocionantes alturas, donde nos parece que estamos en la cima del mundo. Y a veces estos nuevos senderos fascinantes terminan en expediciones fracasadas.

Esos esqueletos sonrientes tirados a lo largo del camino no sirven de mucho consuelo; la desdicha no se preocupa mucho por tener compañía en una de estas subidas aparentemente inútiles.

Pero aunque los desvíos son inevitables, no tienen por qué ser frustrantes ejercicios de futilidad. Podemos aprender muchísimo a lo largo del camino... inclusive cómo volver a la ruta principal.

Envidia

La envidia es el descontento alimentado por el doloroso deseo de la ventaja de otra persona, y nos mantiene mirando por encima del hombro a lo que tienen los demás. En lugar de envidiar el éxito de otra mujer, nota qué fue lo que te atrajo hacia ella, que despierta tu interés, que te hace prestarle atención. ¿Dónde es que *tú* encuentras belleza?

No le tires puñales a Martha Stewart; escucha lo que tu envidia está tratando de decirte. ¿Qué tiene ella que llama tu atención? ¿Su imperio, el conocimiento para hacer cuadrados perfectos de limón, su independencia, el poder de hacerlo a su manera? Cuando lo sepas, comienza a señalar las acciones que tú puedes tomar *hoy* para encaminarte en una de estas direcciones.

Usada de esta forma, la envidia puede servirte para iluminar tu camino.

Culpabilidad

¿Estás colgando de un costado del risco, virando la cabeza para mirar hacia abajo, hacia las vertiginosas alturas a las que ya has ascendido, preguntándote si afirmaste tus pasos en los salientes correctos? Tal vez escogiste alguna estúpida alternativa a lo largo del camino. Tal vez le tiraste tierra a la cara a otro montañista, y por eso te consume la culpabilidad.

Pero la culpabilidad no es una virtud. No existe una recompensa positiva para quedarte sin hacer nada, sintiéndote infeliz, como no sea sentarte sobre el trasero durante un tiempo. La culpabilidad puede servir como un indicador a lo largo del camino que nos advierte que hay asuntos del pasado que no hemos concluido, o tal vez que deberíamos estar haciendo algo diferente en el presente... o quizá tan sólo que necesitamos tomarnos un renovador descanso.

Si necesitas un descanso, tómalo. Da satisfacciones donde sea necesario y posible, anota las lecciones aprendidas y promete que escogerás más cuidadosamente en el futuro.

Luego, sigue tu camino... porque mientras estés mirando hacia atrás no podrás enfocarte en lo que te queda por subir.

Venganza

Hubo una época en mi vida en la que mi propio sendero tomó un desafortunado desvío. Malgastaba parte de cada día planeando venganza contra una mujer que me había hecho daño. Siempre estaba pensando cómo cobrárselas o sabotear su negocio. Aquello me dio tan fuerte, que hasta imaginaba a esa persona herida o muerta. Pero finalmente noté que todos mis planes de venganza y desquite me dejaban poco tiempo para concentrarme en mis propias metas. Me estaba resultando difícil terminar cualquier cosa; tenía la cabeza tan desordenada como mi escritorio.

Sabía que necesitaba avanzar para poder liberar mi energía. Un día me situé una meta: renunciar, aunque fuera por un sólo día, a mi amargura. Y eso me hizo sentir tan bien que la extendí a otro día más. Y pronto renuncié a ella para siempre.

Tan pronto como entré en una atmósfera de perdón, los cielos se abrieron, mi creatividad fluyó y tuve la energía para seguir mi ascenso.

No todos los desvíos son una pérdida de tiempo y energía. Ya nos demore la envidia, la culpabilidad o el deseo de venganza, podemos usar el desvío para iluminar, guiar y propulsar nuestro regreso al sendero principal. Y podemos llevar con nosotras las valiosas lecciones que aprendimos en esos caminos menos transitados.

¿Te sientes perdida?

Tal vez no has tomado ninguno de esos desvíos específicos, pero te sientes atascada o sin salida. ¿Estás deambulando en círculos, haciendo girar tus ruedas en el vacío, incapaz de terminar nada? He descubierto que estas acciones son ordenadores de la mente que pueden ayudarme a desempañar mi visión y me ponen de nuevo en movimiento.

Limpia la casa

Sí, me refiero a tus armarios llenos de ropas que ya no te sirven y que te recuerdan lo delgada que eras; los zapatos que no has usado desde hace cinco años; los trastos inútiles del sótano, de tus archivos; los arcaicos cosméticos y artículos

de tocador que estás metiendo debajo del lavabo del baño...
tus relaciones.

¿Hay alguien a quien necesitas pedirle perdón? ¿Hay
alguien a quien necesitas perdonar? ¿Hay alguien a quien
necesitas eliminar de tu vida?

Haz una lista de todos los pequeños líos desagradables
que tienes a tu alrededor y comienza a eliminarlos uno por
uno. Estas formas de contaminación ambiental están
empantanando el flujo de tu energía vital, la energía que tú
necesitas para darle poder a tu sueño.

Date gusto

Deja de correr. ¿Cuándo fue la última vez que hiciste
algo por ti... un arreglo de uñas, un masaje, un sabroso baño
caliente, una relajante taza de té de hierbas? ¿Cuándo fue la
última vez que te permitiste maravillarte, especular, reflexionar?

Aligérate

Ten piedad. No te tomes demasiado en serio, y recuerda
que sólo tenemos un aquí y ahora. Sal de ti misma y mira tu
lugar en la historia, en la cadena humana, en la evolución, en
el universo. Yo tengo una esfera del universo a mi alrededor
para que me recuerde el infinitésimo instante que ocupo en
la inmensidad eterna del tiempo.

Sal de tu rutina

Haz algo divertido. Ve a bailar, organiza un picnic, canta
una canción. Sitúate en un ambiente completamente diferente, sin ningún estrés. A mí me encanta ir a los juegos de
béisbol de mi hijo. Grito, brinco arriba y abajo y hago tonterías. También puedo comportarme como una idiota,

porque casi siempre alguien tiene que explicarme por qué el árbitro hizo lo que hizo.

Obtén gratificación inmediata

Algunos de los proyectos en los que estoy trabajando son a largo plazo; algunos ni llegarán a terminarse durante mi vida. Por eso a veces concibo miniproyectos que puedo completar fácilmente y llevar hasta su terminación en un breve espacio de tiempo.

Cuando estoy buscando una solución rápida, casi siempre termino en uno de mis lugares favoritos: Home Depot. Soy la reina de los proyectos domésticos de "hazlo tú misma". Hace poco, me volví loca con los pomos de las puertas. Compré algunas lindas manijas de metal y reemplacé 28 de ellas en casa.

Y me alegro cada vez que abro la puerta y toco el fresco y pesado metal.

LA TRANSFORMACIÓN DE ENFOQUE EN SESENTA MINUTOS

Las transformaciones de las que hablo no son de las que se encuentran en las revistas femeninas o los salones de belleza.

Yo me hice una de ésas cuando estaba en la secundaria, camino de mi baile de graduación de primer año. Después de un bombardeo de cuatro horas, salí tambaleándome, con el rostro como una máscara perfecta para una bailarina de Kabuki, uñas postizas tan largas y curvadas que apenas podía abrir mi carterita, y una pila de bucles tan subidos que me era difícil sentarme derecha en el asiento trasero del automóvil de mi amigo.

Es cierto que era una transformación; y pasé el resto del día deshaciéndolo desesperadamente.

Es tentador recurrir a estas transformaciones externas con la loca esperanza de que, realmente, nos cambiarán. Pero en lo más profundo de nosotras nos damos cuenta de cuán superficiales y pasajeros son tales cambios.

Las transformaciones de las que estoy hablando se enfocan en tu interior y están dirigidas a formar tu fuerza y recursos internos.

La mayoría de nosotras tenemos por lo menos tres cosas que hemos querido hacer... a veces durante muchísimos años. Escríbelas en un trozo de papel y pégalas al espejo en que te miras por las mañanas para que las puedas ver a diario.

Luego, separa sesenta minutos de cada semana para tomar acción sobre una de ellas. Diez minutos al día equivalen a sesenta minutos a la semana, dejando un día fuera; éste es el tiempo que empleas en platicar con los cajeros del supermercado en comentar acerca del tiempo, en ser "agradable" con una compañera de trabajo o una empleada. Las varias horas que separé de mi depresión para llenar una solicitud para un premio, cambiaron mi vida.

Capítulo 5

Alimenta tu sueño

"Hay corazones y manos siempre dispuestos a hacer que las intenciones generosas se conviertan en acciones nobles".

— HELEN KELLER

Éste no es el momento de hacer dieta. Quiero que crees un suntuoso buffet con las personas más inspiradoras, más tentadoras, más deliciosas que puedas encontrar. Deben ser:

- personas que expanden tus ideas acerca de lo que es posible;
- personas que son tan convincentes y atractivas que te inspiran a alcanzar la grandeza;
- personas que te desafían a ser mejor de lo que imaginabas que eras.

Piensa en esto como en una mesa sueca de la que puedes servirte todo lo que desees en tu plato y luego seguir regresando para servirte más.

No tienes que conocer personalmente a estas personas que te pones de modelo: Oprah, Amelia Earhart, la mujer que vive en la esquina y que a los 50 años comenzó a estudiar leyes... no importa quiénes sean estas personas admirables, con tal de que te nutran espiritualmente y den estímulo a tu recorrido.

Las personas que sirven de ejemplo a seguir brindan una gran oportunidad para aprender acerca de ti misma y para expandir tu experiencia. Ya sea tu modelo Maria Curie, Isabel Allende o Tina Turner, puedes trastear en los baúles que guardan las experiencias de tu heroína y seleccionar las lecciones de vida que necesitas.

Hoy día hay una cornucopia de modelos femeninos sumamente evidentes. Pero no siempre ha sido fácil encontrar mujeres inteligentes y ambiciosas que personificaran las cualidades positivas que tú deberías emular.

Yo sentí esta carencia cuando era una mamá joven y luchadora que trataba de reconciliar su papel de madre con su impulso creativo. Ansiaba encontrar una empresaria con familia que pudiera servirme de inspiración y guía. Yo tenía tantas preguntas:

- ♦ ¿Cómo desempeñaba ella los papeles de madre, mujer de negocios, esposa y/o amante y activista sin sufrir una crisis de identidad?
- ♦ ¿Cómo se convenció de que ella *podía* lograr sus metas, que ella se merecía el éxito?
- ♦ ¿Cómo continuaba concentrada en la meta al tiempo que ponía curitas en magulladuras de fútbol y hacía de árbitro en las peleas entre hermanos?

Pero no había nadie a quien pudiera hablarle, ni siquiera nadie acerca de quien leer. La mayoría de las mujeres que me rodeaban estaban interesadas, sobre todo, en cocinar, lavar la ropa y decorar sus hogares. Y aunque yo también tenía que hacer estas actividades, mi pasión eran los negocios —la competencia, cerrar convenios, aumentar los beneficios—, un campo que estaba poblado en su mayor parte por hombres.

Me alegra decir que ya eso no es así.

Siendo una chica pobre criada en el sur del Bronx, yo no estaba segura de *cuál* era el aspecto del éxito, pero estaba bastante segura de que no lucía como yo. No había ninguna mofletuda chica puertorriqueña, pecosa y con gafas, en ninguna de las películas que yo había visto, ni en ninguno de los libros que había leído. Ni tampoco había oído hablar nunca de una hispana que fuera CEO de una compañía, o académica.

Las mujeres que yo veía eran agotadas domésticas o empleadas de tiendas, cargando los víveres hasta sus apartamentos sin ascensor, tratando de reunir energía para llegar al final del día.

No vi ninguna hispana cascarrabias, muy inteligente y mandona, que ganara mucho dinero y la pasaba bien.

Así que, si no podía encontrar un personaje ejemplar, ¿a quién iba yo a seguir? ¿Cómo encuentras tu propio camino y logras mantenerte en él hasta que llegues a tu destino sin imágenes positivas que iluminen tu ruta?

UN POQUITO DE ESTO... UN POQUITO DE AQUELLO

Sin darme cuenta de lo que hacía, comencé a componer un modelo mental para mí misma, construido con las cualidades de quienes me rodeaban. Usando la espalda derecha de aquella mujer, la sonrisa amable y paciente de ésta, el temperamento controlado de la otra, creé una especie de muñeca de trapo que mantenía siempre a mi lado.

Y cuando comencé a coserla, me di cuenta de que yo tenía más imágenes positivas de las que pensaba. Puede que las mujeres que me rodeaban no estuviesen dirigiendo corporaciones, pero tenían una gran cantidad de admirables cualidades.

Una de estas señoras especiales fue mi preciosa maestra de séptimo grado, Miss Lamb. Con un cutis color cacao, como la actriz Halle Berry, era la mujer más hermosa que yo había visto en persona. Yo, que era una jovencita torpe a punto de florecer, admiraba la forma en que se deslizaba por una habitación, la manera en que sostenía un tenedor. Era elegante y serena, lista y sexy, afectuosa y cariñosa, todo a la vez. Era una combinación poderosa. Yo nunca había conocido a una mujer que pudiera incorporar todas estas cualidades a la vez.

Luego estaba mi Titi Ángela*, una tía que vivía en el Lower East Side de la ciudad de Nueva York, adonde me escapaba con frecuencia los fines de semana.

Titi Ángela era una madre soltera luchando para criar a mis primos en unas viviendas protegidas tan desoladas que yo tenía que pasar por encima de charcos de orine cuando subía en el ascensor.

Pero los alrededores de su bloque de pisos no parecían importar. Dentro de su departamento hecho de ladrillos de ceniza ella había construido un pacífico nido, con la fragancia de sus platos caseros y permeado de amor. Ella me hacía

*No es su verdadero nombre.

sentir segura en medio de un mundo de drogadictos y delincuencia.

Lo que estaba sucediendo *dentro* de su departamento era más poderoso que la pobreza que acechaba en el exterior. La observaba realizar su magia cotidiana de la misma manera que la observaba cocinar galletitas: tomando lo poquito que tenía y transformándolo en oro.

Flora Davidson era mi seria profesora de ciencias políticas en Barnard College. Era alta y fuerte, y tenía una gran barriga de embarazo; recuerdo haber visitado su oficina después de que nació su bebita, y vi a su hija en la cuna junto a ella, durmiendo felizmente mientras la profesora repasaba sus notas. Esta imagen causó una profunda impresión en mí. Por primera vez consideré cómo podría yo estructurar mi propia vida para integrar los hijos con la carrera.

Como mi consejera para la tesis, la profesora Davidson me enseñó una lección que he atesorado toda mi vida. El día que entregué el borrador de la tesis, que trataba de la difícil situación de los trabajadores mexicanos indocumentados en Estados Unidos, yo estaba recuperándome de una operación cesárea y en medio de los preparativos de la mudanza para California. Me arrastré hasta su oficina con la leche chorreándome por la blusa, exhausta y con 40 libras de sobrepeso.

Había escrito mi tesis robándoles momentos a las horas de lactancia y a los cambios de pañales, y creía que era uno de los mejores ensayos académicos que había escrito jamás.

La profesora Davidson no pensó lo mismo.

Me senté sin poder creer lo que estaba oyendo mientras revisábamos las páginas que ella había arrancado, eliminando párrafos enteros con una pluma roja.

—Debes ampliar esto. Eso no está claro. Dame algunos ejemplos.

Yo traté de aguantar las lágrimas, pero no pude. Con cada página que pasaba, mi confianza se desmoronaba.

—Con esto podrás aprobar —me dijo cuando terminó finalmente—, pero sé que puedes hacerlo mejor.

Lloré tanto que el rímel se me corrió en chorros por la cara.

—Usted no entiende —le dije—. No tengo nada más que dar.

Ella no se inmutó.

—Puedes usar esto como una oportunidad para descubrir de qué estás hecha realmente, o puedes conformarte con lo que ya sabes que eres.

Salí de su oficina confundida, perpleja, con preguntas revoloteándome en la cabeza. *¿Cómo podía haber criticado mi trabajo tan severamente? ¿Qué es lo que quiere de mí? ¿Qué más puede hacer un ser humano?*

Cuando llegué a casa, me desplomé. No tenía intención de volver a mirar jamás aquel trabajo.

Pero entonces comenzó a llamarme. Era una vocecita que no se callaba:

"Vamos, Deborah", decía. "Trata de nuevo. ¡Ve a ver lo que puedes hacer!"

Eché a un lado mis excusas y miré de nuevo el trabajo. Vi que la profesora había tenido razón: yo podía hacer *más* que eso.

En medio de la noche me despertaba con nuevas ideas. A la mañana siguiente iba a la biblioteca y profundizaba más en mi investigación. Me encontré derribando paredes imaginarias para pasar a habitaciones donde nunca había entrado. ¡Fue una revelación descubrir que yo tenía más que ofrecer, mucho más!

La profesora Davidson me dio una A- en mi revisión, algo extraordinario viniendo de ella. Pero a partir de ese día, fui incapaz de hacer cosas mediocres. Había experimentado la emoción del descubrimiento. Había adquirido el gusto por la excelencia, y nunca lo he perdido.

Y estaba mi madre.

De niña, yo me sentía avergonzada de mis padres. Estaba apenada por su piel oscura, por sus acentos hispanos y por sus ropas de poliéster; y sobre todo por su comportamiento respetuoso ante personas que los trataban como ciudadanos de segunda... o, realmente, como basura. No quería ni que me vieran con ellos, y cruzaba la calle antes que tener que caminar junto a ellos.

Pero a pesar de todos sus problemas, mi madre era la heroína de nuestro barrio, capaz de funcionar mucho mejor en el mundo exterior que dentro de su casa. Siempre estaba encabezando huelgas del alquiler y buscando formas creativas para ayudar a personas necesitadas.

Una Navidad me di cuenta de lo fuerte que era.

Cada año, la iglesia metodista en la que mi padre era ministro en el sur del Bronx colectaba juguetes navideños. Los niños de nuestro barrio eran tan pobres que uno de esos juguetes era, muchas veces, el único regalo que recibían. La iglesia era su Santa Claus.

Un año, el pedido de regalos que había hecho la iglesia a la Infantería de Marina aparentemente se había extraviado. Cuando faltaban sólo unos pocos días para la fecha de Navidad, no teníamos ni una sola muñeca ni un animalito de peluche, y los niños de toda una barriada estaban a punto de desilusionarse.

Cualquier otra persona se habría dado por vencida, pero no mi madre. Para ella, el problema no era una crisis en la comunidad, sino una oportunidad.

Llamó a la estación de radio local e hizo un conmovedor llamado en el aire, en vivo, pidiéndoles a los neoyorquinos que vinieran a ayudar a niños que tenían tan poco en sus vidas.

Nunca olvidaré la respuesta.

En cuestión de horas, comenzó a llegar gente de toda la ciudad. Desde mi ventana yo miraba cómo fornidos trabajadores de la construcción y secretarias llegaban con los brazos llenos de juguetes. Había camiones y taxis y bicicletas estacionados en hilera doble delante de la iglesia. Hubo un increíble derroche de regalos, y siguió aun después de que se terminaran las celebraciones navideñas.

A través de su propio poder personal, mi madre había movilizado una ola inmensa de generosidad... una inundación de bondad que bendijo a los que daban y también a los que recibían.

Mi madre tuvo muchos momentos públicos como éste, momentos en los que se veía poderosa, sensata y fuerte. Pero en privado, tras la puerta cerrada de nuestra vida familiar, hubo muchas más ocasiones en las que se mostraba débil, vulnerable y deprimida. Ella sería capaz de organizar huelgas del alquiler, pero parecía incapaz de controlar su propio caos interno.

Mi madre fue una imagen de advertencia de lo que podía pasar si yo renunciaba a mis sueños. Ella, una mujer casi genial con un coeficiente de inteligencia de 158, nunca llegó a la escuela de medicina, lo que constituía su más triste remordimiento. Asaltada por un mundo donde era sólo una mujer y una *"spic"**, se conformó, primero, con las expectativas de su padre, y luego con las de su esposo.

*spic... Término despectivo del habla popular estadounidense para referirse a las personas de origen hispanoamericano (nota del traductor).

Durante años, esta resignación aparentemente tranquila se manifestaba en forma de violentos ataques de furia y debilitantes períodos de tristeza. El comprometer sus deseos más profundos le había costado un precio; a menudo se hundía en una depresión tan apática que yo la dejaba en un sillón de balance por la mañana y cuando regresaba de la escuela la encontraba exactamente en la misma posición, todavía en bata de casa. Era aterrador presenciar su inhabilidad para dirigir ella misma su propia energía.

Me hice la promesa de que esto nunca me ocurriría a mí. Yo estaba dispuesta a pagar el precio del éxito, pero el precio de los sueños insatisfechos era, sencillamente, demasiado elevado.

Uno de los modelos de vida más importantes para mí, sobre todo en mis años de adolescencia, fue mi primer amor, Miguel*. No importaba que fuese un chico. Era de mi mundo, y fue un poderoso catalizador que sirvió para cambiar la forma en que yo consideraba mi futuro.

Cuando yo tenía 14 años y estaba comenzando mi primer año en la secundaria, mi padre se hizo cargo de una nueva iglesia y me transfirieron a Yonkers High School. Fue ahí donde primero vi a Miguel.

Era apuestísimo: seis pies de estatura, con pelo muy negro y el cuerpo alargado y esbelto de un corredor estelar de campo y pista. Yo había acabado de salir de mi adolescencia regordeta y apenas podía creer que él se fijara en mí.

Miguel sabía lo que era crecer con pocas expectativas, en una atmósfera de pobreza y terror.

Pronto él me entendería mejor que cualquier otra persona.

---

*No es su verdadero nombre.

Aunque hubiese venido de mi mundo, ya él tenía un pie firmemente puesto fuera de él. Él *sabía* que iba a destacarse. Había puesto su meta en entrar en la Universidad de Harvard y *nada* iba a detenerlo.

Había estado avanzando por este camino desde la escuela primaria. Como parte de un programa especial para los barrios pobres dedicado a los niños dotados, había ganado una beca de cuatro años en la Hackley School para niños varones, una exclusiva escuela preparatoria en Tarrytown, Nueva York.

Miguel vivía en la escuela durante la semana, pero venía a casa los fines de semana, que era cuando estudiábamos juntos. Me di cuenta de cuánto más adelantado que el mío estaba su trabajo escolar. Él estaba tratando de resolver problemas de filosofía y cálculo, mientras que yo estaba respondiendo a fáciles preguntas de estudios sociales. Él estaba preparándose para un futuro de alto nivel universitario, mientras que parecía que yo estaba tan sólo deambulando en medio de una escolástica mediocridad.

Ver a Miguel con tan altas proyecciones hizo que yo ajustara mis propias miras. Yo sabía que iría al *college*, pero *adónde* iba a ir no había sido nunca algo a considerar. Tal vez una escuela local; no estaba segura. Pero Miguel *sí* sabía adónde se dirigía.

Vi que si yo quería asistir a un *college* prestigioso, tenía que ponerme al nivel de estudiantes como Miguel. Tendría que mejorar mi inglés y estudiar como nunca antes lo había hecho.

Así que desarrollé un sistema. Cada noche, después de terminar mi propio trabajo de la secundaria, también hacía el de Miguel. Absorbí todo lo que él llevaba a la casa.

Estudiamos juntos para nuestro examen de aptitud escolar (SAT). Nos hacíamos preguntas mutuamente sobre ecuaciones diferenciales, Isaac Newton, la teoría de la relatividad. Era maravilloso disfrutar de su compañía, pero era aun más maravilloso saber que yo estaba creando una oportunidad real en una vida totalmente nueva.

Me enriquecí con los tesoros que Miguel traía a nuestra apretada sala los sábados por la tarde, cuando estudiábamos Shakespeare y latín, y los sábados por la noche, cuando él me enseñó acerca de mi cuerpo y de los sentimientos de que era capaz mi corazón.

Cuando ya yo estaba lista para solicitar admisión al *college*, toda mi perspectiva se había ampliado. Quería probar que podía sobresalir en los niveles más altos. Me di cuenta de que el *college* al que asistiera sería de suma importancia para determinar mi futura posición en el mundo.

Gracias a Miguel elevé mis miras. Fui a varios fines de semana en colegios de Ivy League en los que se recibía a jóvenes de las minorías étnicas, y decidí solicitar admisión. Durante meses, trabajé arduamente reuniendo cartas de recomendación y reescribiendo ensayos escolares.

A Miguel lo aceptaron en Harvard y más tarde se graduaría *summa cum laude*.

Y un día yo metí la mano en nuestro mohoso buzón de correos y encontré un milagro: una carta anunciando que había sido aceptada en Wellesley con una beca completa.

Para eso sirven las personas que nos sirven de ejemplo.

Nos desafían a llegar más arriba únicamente con el poder ser de quiénes son.

UNA PASTA CON UN PUNTO PERFECTO DE SABOR

Una mujer poderosa puede servirte de modelo en la vida sin que ella lo sepa ni te dé permiso.

Pero un mentor es una participante *activa* en tu vida, alguien que está de acuerdo en darte apoyo. Un mentor te aconseja, te presenta a personas, te hace avanzar en la dirección correcta.

Tener una persona que te apoya y en quien confías es una de las maneras más inteligentes de desarrollar tu carrera… y tu vida.

Algunas de nosotras tenemos suerte de tener un mentor a mano.

En el caso de Barbara Corcoran, su madre fue su defensora durante sus primeros años… y esto la salvó.

Corcoran, conocida como la Reina de las Propiedades Inmobiliarias de Nueva York, es la presidenta y fundadora de la firma privada de bienes raíces más grande de Manhattan. Ella está al frente de una de las firmas de propiedades inmobiliarias de lujo más exitosas del mundo.

Toda su vida Corcoran fue disléxica, pero no lo sabía.

Todo lo que sabía era que tenía dificultades para hacer las actividades de la escuela.

Todo lo que sabía era que se la consideraba estúpida, que no tenía amigos, que era la última a la que recogían para ir a un juego.

Pero cuando llegaba a su casa cada noche encontraba a una madre amorosa a la que nada de eso le importaba.

Cuando entraba por la puerta, con sus malas notas o sus sentimientos lastimados, su madre decía:

—Olvida la escuela. Yo te digo que tú eres maravillosa. Creo que eres perfecta exactamente como eres.

Este amor sin condiciones y la fe inquebrantable que su madre tenía en ella negaban todo lo que había sucedido durante la jornada escolar de Barbara.

Corcoran, que es ahora una mujer fenomenalmente exitosa conocida por su accesibilidad como gerente, todavía recuerda cuando era una niña rechazada que tenía sólo a una persona que la apoyara.

Y esa única persona era todo lo que necesitaba.

Todos necesitamos personas de confianza que crean en nosotros y que apoyen nuestras ambiciones. Cuando las cosas se pongan malas —y se pondrán— necesitamos tener a alguien allí que nos apoye a nosotros y a nuestras causas, que nos recuerde nuestra grandeza.

MANTÉNTE VIGILANTE

Nunca sabes de dónde va a provenir la ayuda o el estímulo.

No supongas que porque alguien tiene un cargo muy alto —o porque sea hombre— no está dispuesto a ayudarte.

Esa fue la lección que aprendí con Jim Sinegal, el CEO de Costco.

Aunque yo había sido vendedora para Costco durante varios años, sólo había podido colocar pequeños pedidos alguna que otra vez. Parecía que no podía tener una participación importante en los programas grandes. Esto era frustrante porque yo no dejaba de fijarme en un programa de sombrillas de Costco que yo sabía que podría producir mejor, a mejor precio, si sólo me dieran la oportunidad. Pero había un antiguo vendedor que estaba bloqueando mi acceso a una serie de compradores que estaban satisfechos con su programa. Ellos no estaban, precisamente, desesperados por escuchar mis ideas y planes.

Yo sabía que atacar a mi competidor era inútil, así que, ¿qué podía hacer? ¿Quedarme rondando las oficinas administrativas vestida con mi mejor traje, esperando que se fijaran en mí? ¿Seguir tocando puertas que parecían permanentemente cerradas a cal y canto?

Yo era demasiado apasionada, decidida y ambiciosa para eso.

Quería llegar hasta la gran mesa de buffet, no hasta las mesitas laterales con entremeses. Por lo que decidí buscar una forma en la que yo pudiera serle de valor a Costco, sin tener que venderles mercancías (pero no, no puedo decirte lo que era). Cuando la encontré, le escribí directamente a su CEO, Jim Sinegal, presentándome, ofreciéndole mi ayuda y pidiéndole la suya. Para mi deleite, me respondió, ofreciendo escucharme con atención, y darme estímulo y buenos consejos.

Ese comienzo me permitió, con el tiempo, presentarle mi caso a Costco y negociar un programa de prueba. Creamos el mejor valor de sombrillas del país. Al año siguiente, habíamos aumentado el negocio en un 61 por ciento, y hemos continuado creando una relación mutuamente provechosa.

Tan importante como esto resulta que Jim Sinegal ha demostrado ser un gran partidario mío durante mucho tiempo en el mundo de los negocios, que a menudo puede maltratarte. Él no se ha olvidado de felicitarme cuando he ganado algún premio o de darme un consejo cuando siento que necesito orientación.

Cuando dudo de mí misma, o pienso que estoy apuntando demasiado alto, resulta un poderoso estímulo recordar que alguien que ha estado en la portada de la revista *Forbes* y dirige un negocio de $27 millones piensa que yo soy capaz de triunfar.

Nunca subestimes la cantidad de buena voluntad que hay en el mundo, inclusive entre personas que tú crees que están en una posición demasiado alta como para tomarte en cuenta. La mayoría de las personas de negocios exitosas también han tenido que luchar para llegar arriba. A menudo les gusta que les pidan ayuda o consejo. Y lo más probable es que admiren tu agresividad y tu ambición, porque éstas son características que ellos mismos han cultivado.

Así que, adelante: ¡llégate a ellos… y sigue subiendo!

PIDE PRESTADAS UNA O DOS RECETAS

Sin perder de vista tus *metas actuales*, trata de encontrar a alguien que posea ese conocimiento que tú buscas; entonces pregúntale si estaría dispuesto o dispuesta a actuar como tu mentor. Yo he hecho esto varias veces en mi carrera, y nunca me he arrepentido.

No permitas que el miedo te impida dar este paso importante en la vida. Puede que te rechacen, pero aunque así sea, tu corazón sanará. Y podrías sorprenderte de la respuesta que recibirás. En mi experiencia, cada mentor se sintió halagado de que yo se lo hubiera pedido, y cada uno me ofreció una sabiduría ganada a fuerza de trabajo que yo jamás habría podido encontrar en un libro.

He aquí cómo obtener un sí:

- ◆ *Ten claro qué beneficios obtienen ellos con eso.*
  Asegúrate de ver con claridad, desde el punto de vista de ellos, qué es lo que ellos van a obtener con

este trato. Aunque no tiene que ser monetaria, ellos deben recibir algún tipo de recompensa por sus esfuerzos en tu nombre.

◆ *Comparte tu proyecto.* Sé capaz de describir con pocas frases tu estrategia y el papel potencial que ellos tendrán. No importa cuán complejo sea, todo plan bien trazado puede explicarse de una manera concisa y esencial.

◆ *Haz una petición específica.* Sugiere una cantidad específica de aporte por parte de ellos, en intervalos determinados, para terminar en un determinado período de tiempo.

◆ *Obtén una referencia.* Si ellos no pueden satisfacer tu solicitud, pídeles el nombre de una persona que pudiera.

◆ *Sé una buena estudiante.* Un buen mentor es en parte admirador tuyo y en parte crítico acérrimo. Prepárate para ambos.

UNA NOTA SOBRE ENTRENAMIENTO

Siempre ten en mente que, dependiendo de lo que estés tratando de lograr, podría haber llegado el momento de pedir ayuda adicional. En las ligas infantiles, un entrenador voluntario funciona bien. Pero cuando estás jugando con las grandes ligas, sólo un profesional resuelve.

Igual que en los deportes, hay entrenadores para todo: de voz, para hablar en público, de negociación, de ventas. No emplees un entrenador de tenis para trabajar sobre tu lanzamiento con salto. Asegúrate de emplear un entrenador que sea competente en el área en la que necesitas ayuda.

Yo he conseguido la guía de entrenadores profesionales a lo largo de mi carrera, y los resultados han sido inestimables.

COMPARTE LAS COSAS BUENAS

Como bien sabe todo anfitrión, nada satisface más que observar que tus invitados disfrutan una buena comilona.

Ser mentor funciona de la misma manera. Excepto que obtendrás más que la pura alegría creada por la generosidad. Compartir lo que has aprendido y experimentado te brinda una oportunidad para mejorar la vida de otra persona *y* la tuya. Este proceso de dos vías te dará más acceso a:

- ◆ tus propios dones,
- ◆ tus propias lecciones,
- ◆ tu propia capacidad de crecer.

Pero, aparte de las recompensas y los beneficios, no importa *por qué* damos, con tal de que lo hagamos.

Extiende esa mano

Mira a tu alrededor. Lo que importa no es la enseñanza de tu libro de texto, sino tu *historia*; es la manera en que has enfrentado tus retos, sobrevivido y triunfado. ¿Quién podría utilizar las lecciones de tu vida, tu estímulo? ¿Con quién te sería más estimulante trabajar?

- ◆ niños menores de un año
- ◆ niños de todas las edades
- ◆ jóvenes de secundaria

- estudiantes de *college*
- adultos
- ancianos
- personas con impedimentos físicos
- personas con problemas de aprendizaje
- nuevas mamás
- padres.

¿Qué temas te incitan a tomar acción?

- educación
- medio ambiente
- cuidado de la salud
- igualdad racial
- alfabetización
- paz
- hambre
- política
- espiritualidad
- creatividad artística.

NO HAY NADA COMO EL PRESENTE

Algunas de ustedes podrían estar pensando que no están listas en este momento. No tienen ninguna experiencia específica; no tienen nada que compartir, nada que dar. Tal vez les ha acabado casi todo el combustible y están esperando a que les llenen el tanque de nuevo.

Pero son estas, precisamente, las épocas en las que debemos compartir lo que creemos que no tenemos. Y si estás leyendo este libro, no hay dudas de que tienes algo que compartir; por lo menos podrías trabajar en un proyecto de alfabetización.

Igual que con lo que se refiere a llevar a cabo un programa habitual de ejercicios, es fácil dejarse llevar por la abulia. No tienes energía, por lo tanto no te ejercitas. Pero no vas a recuperar la energía hasta que lo hagas. Dar ese paso te dará nuevas energías de formas que nunca hubieras podido predecir.

A menudo, cuando me siento más agotada, me alimento de los enriquecedores recuerdos de las épocas en que he sido mentor de otras personas. Me ha resultado especialmente gratificador compartir mi historia con las chicas de la secundaria Taft High School. Recuerdo cómo me sentía viviendo aislada de los centros de la política, el comercio y el poder. Ahora, cuando regreso a Taft, sé que esas chicas no siempre pueden ver las posibilidades que hay en ellas, y por eso durante un rato trato de mantener vivas sus esperanzas. Yo represento una prueba tangible de que es posible cruzar el río que separa la pobreza del éxito. Puedo ver en sus ojos la misma avidez que yo tenía.

Uno de los grandes beneficios que recibí de hacer de mentor es un sentimiento de humilde gratitud. Cuando enseño a otros, escucho en mis propias palabras los sabios consejos que tan generosamente me brindaron personas generosas y llenas de amor. He llegado a donde estoy únicamente porque tantas personas me han ayudado. Estas personas fueron maestros que me enseñaron tan sólo por la pura alegría de compartir lo que los apasionaba, sin esperar algo a cambio. Lo mejor que puedo hacer es honrar su ejemplo… y continuar transmitiendo este regalo.

Oseola McCarty, una anciana lavandera que murió en 1999 a la edad de 91 años, se ha convertido en modelo de desinteresada generosidad.

McCarty, que ni sabía lo que quería decir la palabra *filantropía*, decidió donar los $150.000 que había ahorrado a lo largo de su vida luego que le diagnosticaron cáncer. Ella patrocinó una beca para estudiantes pobres de su estado natal de Mississippi, donando todo lo que tenía para ayudar a que cualquier desconocido recibiera una educación universitaria.

McCarty, hija única que sobrevivió a toda su familia, vivía su solitaria existencia rodeada de montones de ropa que lavaba y planchaba para los demás. Después de entregar su donativo, la soledad en que siempre había vivido cambió abruptamente cuando el mundo la colmó de reconocimientos. Pero la humilde señora no quería monumentos ni proclamas.

En el evento de la donación, ella dijo sencillamente:

—La estoy regalando para que los jóvenes no tengan que trabajar tan duramente como yo trabajé.

McCarty dejó más que dinero: su mayor regalo fue su ejemplo de generosidad desinteresada. Después de enterarse de su sacrificio, Ted Turner, el multimillonario, tuvo la inspiración de donar $1.000 millones para la educación. Y contribuciones de más de 600 donantes se han añadido a la beca original de McCarty.

—Ahora se habla mucho de autoestima —dijo ella en una ocasión—. Para mí es algo claro: si quieres sentirte orgulloso de ti mismo, tienes que hacer cosas de las que puedas sentirte orgulloso. *Los sentimientos siguen a las acciones.*

Puede que no tengas $150.000 para compartir, como Oseola, pero aun así puedes tener un poderoso impacto en la vida de otra persona.

Hay muchas formas, y ésta es una de ellas.

Count Me In (Cuenta conmigo) es una organización sin fines lucrativos dedicada a la independencia económica de las mujeres. A partir de contribuciones de $5 por donación, ellos trabajan para crear un fondo nacional de $25 millones de préstamos para mujeres. El dinero será redistribuido en forma de préstamos para pequeños negocios y becas escolares que van desde los $500 hasta los $10.000.

Y ya seas tú la donante o la beneficiada, sabrás que hubo mujeres que juntaron sus esfuerzos para ayudar a hacer realidad los sueños de otras.

Nunca subestimes la fuerza que tiene una pequeña acción para hacer actuar e inspirar a los demás. Y recuerda que cada vez que ayudas a mejorar en algo la vida de otra persona, tú obtienes un mayor acceso a tu propio poder.

NUEVE GOLOSINAS ENERGÉTICAS

1. **Haz una lista** con tres personas que han ayudado a mejorar tu vida. Para cada persona, termina la siguiente afirmación: Yo te estoy agradecida a ti porque…
2. **Escríbele** una nota a alguien de esta lista y agradécele por todo lo que él o ella ha hecho por ti. Describe cuán diferente es tu vida hoy debido a esta persona. No importa si envías o no esta nota.
3. **Ve** a una tienda de tarjetas y lee las tarjetas que tienen frases de estímulo. Trata de encontrar la que realmente te emociona y envíatela a ti misma.
4. **Documenta** algunos de tus logros. Si piensas que no tienes ninguno, comienza con habilidades que podrías haber dado por hecho: aprendiste a leer, aprendiste a escribir, aprendiste a nadar…

5. **Forma** un grupo de admiración mutua. Llénalo de amigos y amigas que han experimentado tu grandeza y que te la recordarán cuando lo necesites.

6. **Paga** por otra persona. Cuando estoy en una casilla de peaje, a veces pago el peaje de la persona que está atrás. Durante todo el día sé que alguien está contando la historia de una señora loca que le pagó el peaje a un total desconocido.

7. **Junta** fotos de mujeres a las que admiras. Manténlas sobre tu escritorio, tu armario o el lavabo del baño para que te recuerden todo lo que es posible.

8. **Comparte** tus éxitos. Celebra tus logros, inclusive los más sencillos, junto a las personas que amas. Reconoce logros, los tuyos y los de ellos, con placeres sencillos: un helado *sundae*, un viaje al parque, un vestido nuevo...

9. **Saborea** tus victorias. Crea una pared de victorias. Llénala de cartas, fotos, artículos, cualquier cosa que te recuerde lo especial, ¡lo maravillosamente única que realmente eres!

Capítulo 6

Enfréntate a algo o a alguien

"Toda acción que tomamos, todo lo que hacemos, es o una victoria o una derrota en la batalla por convertirnos en lo que queremos ser".

— Anne Byrhhe

Es necesario luchar. No hay triunfo sin lucha.

Ya sea que tú busques la pelea o que la pelea te busque a ti, necesitas saber "volar como una mariposa y picar como una abeja".

Eso no significa que tengas que estar tirándole golpes a todo lo que te moleste. Enredarse de una batalla debe ser un movimiento estratégico, no una reacción impulsiva producto de que has perdido la calma o de que estás pasando por una crisis emocional.

Teniendo en cuenta que la mayoría no tenemos la destreza física de Laila, la hija de Muhammad Ali, ni los poderes mágicos de Xena, la Princesa Guerrera, necesitamos confrontar los retos de maneras novedosas y poderosas.

Con práctica, tú puedes desarrollar tu propia disciplina y destreza, tu propia fuerza y estilo en el cuadrilátero.

Y *puedes vencer.*

DATE A RESPETAR

Yo aprendí muchísimo acerca de boxeo observando a mi madre.

Ella era una pequeñita y débil peso pluma que se convertía en una furia cuando presenciaba una grave injusticia.

Pero cuando se trataba de sus propias necesidades, se quedaba trabada en las esquinas, a menudo demasiado inmovilizada por la depresión para poder cambiarse la bata de andar por casa o, inclusive, lavarse el cabello.

De niña, yo me preguntaba por qué ella no podía ser afirmativa para protegerse a sí misma igual que lo era cuando protegía a los demás. ¿De qué le servían todos sus movimientos defensivos si no podía usarlos en su propio beneficio?

Observándola, decidí que la primera persona que yo iba a defender *era a mí misma.*

Desde el día en que me tiraron al suelo de un golpe en el kindergarten de esa escuela primaria de Harlem, sabía que iba a tener que luchar para sobrevivir.

Pero yo no era estúpida.

Sabía que no podía dominar a las niñas cuyo juego favorito durante la hora del almuerzo era restregrarme la cara en la tierra. No podía pelearme con los guapetones que me perseguían por callejones fangosos y llenos de basura para robarme el almuerzo mientras me dirigía a la escuela.

Así que aprendí a desarrollar mis propias jugadas asesinas, mis estrategias afirmativas, mi perseverancia, mi ofensiva de lucha y hasta la retirada ocasional. Este entrenamiento temprano me fue de gran utilidad cuando pasé de las temibles calles de los barrios pobres de la ciudad al duro mundo de los negocios.

ENTRA AL CUADRILÁTERO

Casi al final del período de enseñanza media, fui a ver a la consejera de orientación de estudios de la escuela secundaria de Yonkers para pedirle que enviara las copias de mis notas escolares a Wellesley y a varios otros *colleges* de prestigio. Le di una lista de las instituciones de enseñanza superior en las que yo estaba interesada.

Ella alzó una ceja y después me devolvió el papel empujándolo hacia mí a través del buró.

—Deja de hacerte ilusiones, Deborah. Eres una chica brillante, pero nunca vas a llegar a ninguno de esos sitios —me dijo—. Mejor aspira a un colegio comunitario de cursos de dos años. Tal vez intenta una carrera de secretaria legal.

—Pero eso no es lo que yo quiero.

Me dirigió una mirada llena de irritación.

—Escucha, no vas a llegar ahí, ¿entiendes? Y es una pérdida de mi tiempo y de los recursos de la escuela procesar tus notas y enviarlas allá para nada.

Me habían dicho que no muchas veces, pero nunca había sido apabullada tan desagradablemente como ahora.

Agarré mi lista de encima de su escritorio y salí rabiando de su oficina.

Con Miguel como guía, yo había comenzado a escalar hacia la salida del barrio pobre. El primer escalón en mi ascenso sería una educación de *college*; el escalón superior sería una carrera de leyes.

Y en menos de tres minutos en esta mañana de octubre, esa "desorientada" consejera de orientación había tratado de arrancarme la escalera de entre las piernas incluso antes de que hubiera empezado a subirla.

Pensó que porque yo era pobre e hispana ella podía tirarme al montón junto con las otras chicas a las que había descartado. Ella suponía que yo no me expondría a darme a respetar por miedo a ofender.

Pero mi sueño era muchísimo más importante para mí que complacerla a ella.

Caminando hacia casa, pensé en cómo esto debía sucederle constantemente a personas con aun menos recursos — y descaro— que yo. ¿No le había hecho lo mismo su propia familia a mi madre cuando la disuadieron de ir al *college*?

¿Cuántas personas de mi barrio tuvieron grandes sueños antes de que alguien les diera una patada a la escalera que estaban subiendo?

¿Qué le había pasado a Sammy, el drogadicto, que se adormilaba frente a la lavandería todas las noches? ¿Y a Lupita, la madre soltera que luchaba para comprar leche de fórmula para sus mellizos? ¿Qué era lo que, en alguna ocasión, habían soñado hacer de sus vidas?

Al día siguiente me metí al cuadrilátero para la primera gran pelea de mi vida.

Entré resueltamente a la oficina de la Junta de Educación, agarré a la subsuperintendente de escuelas y le conté mi caso.

—Voy a solicitar entrada en estos *colleges* —le dije—. Mi consejera no quiere enviar las copias de mis notas. Quiero que usted lo haga por mí.

No le dije *por favor, desearía, agradecería* o *¿le importaría?*
No justifiqué mis sentimientos.

No dialogué con ella ni la insté a discutir.

Le dije lo que quería, directamente y al grano.

—¡Está bien, está bien! —dijo la mujer, levantando las manos. Tal vez olía en la atmósfera una demanda legal.

Después, fui a ver al director de mi escuela y le hablé de la misma manera franca. Me di cuenta de que no tenía que mostrarme hostil ni insultante para exponer mi caso, sino sólo fuerte.

—Esto es lo que necesito —le dije—. Esto es lo que quiero.

Y funcionó. Él se convirtió en uno de mis mejores aliados.

Acabó revisando mis recomendaciones para el *college,* y conseguí un endoso mucho más sólido que el que hubiera podido recibir de la consejera de orientación sola. Como resultado, no solamente fui aceptada en todas las escuelas en las que solicité entrada, sino que también acabé obteniendo una beca de estudios de Wellesley.

Había luchado y había ganado.

SEGUNDO ASALTO

Esta victoria fue un triunfo personal, un momento decisivo en mi camino hacia el logro de poder.

Pero todavía no podía salir del cuadrilátero. En realidad, me encontraba en medio de una pelea de tres encuentros; yo todavía no lo sabía.

Enfrentaba otra batalla en la casa. Mis padres, mi familia más allegada y varios miembros de la iglesia estaban horrorizados de que yo quisiera mudarme a Massachusetts y asistir a Wellesley.

—¿Qué problema hay con un *college* en la ciudad? —me preguntaron—. ¿Por qué quieres irte tan lejos?

Si hubiese estado planeando casarme, habría podido mudarme a Timbuktú y a nadie le habría importado.

Pero había otra razón por la que mi familia estaba tan desalentada. Estaban de acuerdo con mi consejera de orientación que Wellesley no era el sitio para una chica como yo.

—¡Massachusetts está demasiado lejos! No vas a conocer a nadie. Nunca te vas a adaptar.

Mis padres trataron de engatusarme, luego de prohibírmelo, pero nada de eso funcionó.

—Esos pobres Rosado —decían los miembros de la iglesia, sacudiendo la cabeza. —No están controlando a esa Debbie.

La noche previa a mi partida, me senté en la ventana, mirando a los chicos que jugaban a la pelota en el callejón, a las viejas tomando un poco de fresco en los escalones, a los jóvenes peligrosos paseando con su paso amenazante.

Estaba abandonando un mundo latino protegido, un universo separado donde todo el mundo hablaba español y escuchaba música de salsa y comía arroz y frijoles.

Wellesley, por el contrario, era un *college* de artes liberales refinado, sólo para mujeres, casi todas blancas, con una atmósfera tan diferente de mi paisaje urbano como la luna.

En mis visitas, me había encantado la preciosa ciudad universitaria junto al lago, escondida entre ancianos robles y sauces llorones. Me sentía sobrecogida por los edificios de dormitorios, parecidos a castillos, con sus enormes chimeneas, donde podía verme calentarme ante el resplandor de un fuego acogedor mientras leía un libro en una de esos cómodos reclinables. Estaba impresionada por el té y los bollitos que se servían los viernes y las veladas con los jóvenes de Harvard.

Después de la vida en la ciudad, entrar a Wellesley era como caer de repente en una novela inglesa. Faldas a cuadros, salones callados, repique de campanas y hiedra. Era una ruptura con todo lo que yo había conocido.

Y no estaba preparada en absoluto para el impacto cultural.

Debí haber sabido que había problema en el ambiente. Al principio del año, la que iba a ser mi compañera de dormitorio, Miss Morgan Taylor Baker*, me envió una nota en un papel bellamente grabado, preguntándome si ambas deberíamos traer nuestros estéreos. En la nota también me hacía saber de sus preferencias musicales y mencionaba que había sido admitida en Harvard, pero que sus padres no la habían dejado ir porque era demasiado "liberal".

Yo ni siquiera tenía un estéreo. Había a duras penas logrado comprar un radio de alarma, y no reconocía ninguna de la música que ella mencionaba. ¿Quién rayos era Joan Baez?

Pero yo estaba todavía montada firmemente en las nubes y no vi el huracán que venía directamente hacia mí.

La tormenta me golpeó en mi primer día en el recinto.

Cuando entré al dormitorio con mi voluminosa maleta, me encontré con la familia Baker en pleno, una pareja de gélida mirada en sus cuarenta años y su hija vestida a la moda de los estudiantes.

*No es su verdadero nombre.

—Hola —dije—. Soy Debbie Rosado.

Yo estaba llena de entusiasmo. ¡Sola y fuera del estado! Apenas podía contener mi excitación.

¿Pero por qué esta pareja tenía esas miradas tan extrañas en sus rostros contraídos? ¿Es que algo apestaba?

Me miraron un buen rato, y entonces salieron sin decir palabra, seguidos de Morgan.

Cuando, al fin, ella regresó, le pregunté:

—¿Por qué tus padres salieron tan apurados?

Al menos ella tuvo la decencia de sonrojarse.

—No quieren que me aloje contigo —me dijo—. Lo siento, pero a ellos les gustaría que te mudaras a otro cuarto.

A menos de una hora de mi llegada, mi sueño se había roto.

Humillación.

Pensé que yo sabía lo que significaba esa palabra, pero ese día tomó un nuevo significado.

Yo había creído que cuando dejara mi antigua vida todos mis problemas desaparecerían. Sin un pasado, crearía un nuevo futuro. Me convertiría en quien yo quisiera ser.

Pero a millas de distancia de mi vieja barriada, había sido clasificada y categorizada como una chica del güeto. No era la vivaracha Debbie Rosado, sino un rostro anónimo que no pertenecía a la raza blanca.

Estaba anonadada, pero ¿a quién se lo podía decir?

No a mis padres; ya sabía lo que dirían: "¡Te lo dijimos!".

Traté de confiar en una consejera del *college*, contándole mi historia en una ráfaga de indignación. Pero pude ver, por sus labios apretados, que ella tampoco simpatizaba conmigo.

—Tal vez deberías regresar a tu casa si esto te parece tan desagradable —me dijo cuando terminé.

Así que a los 16 años tuve que pararme en firme y luchar por mi sueño, el cual todavía era nuevo y frágil, en su infancia.

Me sentía aterrorizada, sobre todo cuando la decana, una mujer corpulenta y poco amistosa, me llamó a su oficina.

Estaba allí sentada, derecha y tiesa, sin maquillaje y vestida de gris: lo contrario de todas las mujeres cariñosas y vibrantes que yo siempre había conocido en mi viejo barrio.

—Tú *estás* aquí con una beca de estudios completa, Deborah —dijo enfatizando sus palabras.

—Me doy cuenta de eso.

—¿No crees que sería conveniente tan sólo cooperar con el departamento de alojamiento y mudarte a otro cuarto?

Puede que me haya sentido sola y abrumada. Pero ya en ese momento también me sentía molesta.

—¿Está usted diciendo que perderé mi beca si no estoy de acuerdo en mudarme?

—No —dijo—. No estoy diciendo eso.

Yo era un manojo de inseguridad, añoranza de mi hogar y sentimientos heridos. Pero no iba a permitir que ella lo viera.

—¿Tiene Morgan Baker más derecho que yo a estar en esa habitación?

—No, tampoco estoy diciendo eso —dijo fríamente.

—Qué bien —dije levantándome —, porque yo no voy a moverme.

Investigué acerca de mis derechos, y entonces me mantuve firme y observé a todo el mundo dar vueltas corriendo alrededor de mí.

A los pocos días, la señorita Baker desenchufó su estéreo, empacó sus camisas oxford con botones hasta abajo y se mudó a otro cuarto.

Gané… sin tener que obligarla a la fuerza ni tumbar a la decana de su abultada silla.

Esta experiencia me ayudó a ver cuán emocionalmente fuerte yo podía ser. Me hizo darme cuenta de que podía resistir mucho.

Esto, más tarde, se convirtió en algo importante en mi vida. Cuando me convertí en forjadora, al forjar una compañía, y tenía que proponer mi negocio y presentarme a personas que no me daban la bienvenida, yo estaba preparada. Había estado entrenándome durante años.

APRENDE A ESCABULLIRTE

El mundo de los negocios es implacable. Es feroz y competitivo. Si desaparecieras del universo ahora mismo, el mundo del comercio seguiría girando. Los teléfonos continuarían sonando, y alguien se deslizaría hacia el sitio que dejaste vacante.

Nadie va a posponer una reunión de la junta directiva porque tus sentimientos están heridos o a detener la producción porque tú necesitas tiempo para curarte las heridas.

A nadie le importa si te levantaste un día con el moño virado o con un ataque de síndrome premenstrual o si estás pasando por un momento cercano a la menopausia.

Lo sé; esto la hace a una sentirse humilde. Ve y échate a llorar si tienes que hacerlo; luego enfréntalo y endurécete.

En caso de que aún haya que convencerte más, he aquí lo que me sucedió a mí en uno de esos típicos días en que la porquería se sale por los portales; he tenido muchos de esos en mi vida empresarial.

Temprano en la mañana, recibí una llamada telefónica de la chica que me cuida los niños diciendo que no podía recoger a mi hijo de cinco años en la parada del autobús porque estaba enferma. La chica que tengo para casos de emergencia tampoco podía ayudarme, y yo estaba absorta en un torbellino de actividades, tratando de terminar todo para poder irme de la oficina a las dos y cuarto.

Los teléfonos no paraban de sonar. Todo el mundo me necesitaba para algo. Yo estaba haciendo malabarismo con proveedores, fechas de entrega y negocios, apagando fuegos. Mi cabeza era un lío de especificaciones de diseño, números de teléfono, costos por unidad.

Como casi siempre, no había almorzado, sino que tan sólo había comido una manzana mientras escuchaba a la cantinela de un vendedor.

En medio de todo esto, recibí una llamada de mi madre. Su mieloma múltiple, un cáncer de los huesos, estaba avanzando agresivamente, y ella me estaba llamando para dar salida a su dolor y su terror. Inclusive en esta triste etapa, sin embargo, ella estaba preocupada sobre todo por los demás. Era incapaz de situarse en primer lugar, aun enfrentando la muerte.

Tan pronto como colgué, el teléfono sonó de nuevo, y esta vez era mi hermano, que necesitaba ayuda para lidiar con la burocracia del *Medicare* para obtener los tratamientos de diálisis que necesitaba para vivir. Pasé otra media hora escuchándolo, ayudándolo en lo que podía, mientras me iba sintiendo más desesperada y agotada.

Cuando, por fin, colgué el teléfono y miré al reloj, ¡no podía creer que ya fueran las dos y veinte! Si corría, podía apenas llegar al autobús a tiempo para recoger a mi hijo.

Tomé mi chaqueta, me precipité hacia la puerta y casi tumbé a un hombre que estaba caminando con una tablilla de notas en la mano.

—Soy de la Comisión de Pruebas de Seguridad para el Consumidor —dijo, y me mostró su tarjeta.

—¿En qué puedo ayudarlo? —pregunté sin entusiasmo.

—Alguien nos llamó para investigar una queja. Asegura que se lesionó con uno de sus productos.

Ésta era la primera vez que yo había oído acerca del problema, pero no tenía tiempo para otro dolor de cabeza.

—Mire, me encantaría hablar más tarde con usted, pero tengo que irme en seguida —le dije—. Vamos a hacer una cita y le daré cualquier cosa que necesite.

Para mi asombro, el hombre tomó una actitud de enfrentamiento.

—No quiero regresar después —me dijo—. Necesito hablar con usted *ahora*. O me da la información que necesito o voy a hacer que para mañana todos los documentos de esta oficina sean legalmente intervenidos.

Sentí que la cabeza me quería explotar. Estaba tan estresada que tenía ganas de gritar o llorar... lo que menos quería hacer yo delante de este tipo.

En mi mente podía ver a mi pequeñín saliendo del autobús en medio de la nieve, mirando alrededor y dándose cuenta de que nadie había ido a recogerlo. Recordé lo que era sentirse perdida y abandonada. Y no podía soportar que él experimentara eso.

Pero al guapetón de Seguridad para el Consumidor no le importaban mis buenos sentimientos; a él no le interesaba mi hijo, quien ya a esa hora estaría parado solito y aturdido a un lado del camino.

Así que tuve que enfrentármele, tranquila y desapasionadamente.

—Espere aquí mientras hago una llamada —le dije.

Llamé a mi abogado.

—Hay aquí un tipo de Seguridad para el Consumidor que está diciendo que vendrá con camiones para hacerme parar todas mis operaciones si no le doy ahora mismo la información que quiere. ¿Puede hacerlo?

—No —me dijo mi abogado muy claramente—. No puede.

Colgué y regresé a donde había dejado al hombre.

—Mire, mi abogado me acaba de decir que usted no puede exigir que yo le dé esa información de inmediato. Si quiere, haga una cita con mi secretaria. Pero yo no tengo nada más que decirle ahora.

Pasé rápidamente por su lado y salí.

¿Y qué crees que sucedió?

Ni intervención legal, ni camiones, ni cierre de operaciones.

Él se echó atrás, como hacen casi siempre los guapetones. Tomó una cita, revisamos los papeles, y le suministré toda la información que pidió. Por cierto, luego de meses de investigación se determinó que nosotros habíamos no sólo satisfecho las normas de seguridad existentes, sino sobrepasado los requisitos establecidos. Se determinó que la queja era insustancial, y todo el caso fue cerrado.

Hay momentos en los que un guapetón te cierra el paso, y vas a tener que aprender a escabullirte para darle la vuelta alrededor, por debajo, o hasta pasarle por encima. Nadie puede hacer esto por ti. Ni te convendría que otra persona lo hiciera; a fin de cuentas, es realmente bastante satisfactorio pasarles por delante a los guapetones, y dejarlos asombrados y derrotados.

PRACTICA LA AUTODEFENSA

Loretta Sánchez descubrió cómo hacer esto por sí misma.

Sánchez, una joven y apasionada mujer de negocios, se postuló para el Congreso en el conservador Orange County, California, contra el congresista republicano Bob Dornan. Nadie, y mucho menos Dornan, esperaba que una hispana, recién llegada y demócrata sin experiencia política, lo derrotara.

La elección fue apretada, pero ella ganó.

Dornan se sorprendió tanto con la estrecha victoria de Sánchez que insistió en un reconteo. Él después puso en duda su victoria afirmando que ella estaba involucrada en fraude de votos y que había hecho que inmigrantes ilegales y otras personas que no eran ciudadanas de Estados Unidos votaran por ella.

A pesar de haber sido elegida debidamente, Sánchez tuvo que emplear su propio tiempo y dinero para luchar contra los esfuerzos del partido mayoritario de la Cámara de Representantes para despojarla de su asiento en el Congreso.

Su batalla contra el Goliat de la atrincherada política machista instó a mujeres de todo el país a abrir sus billeteras para apoyar el derecho que tenía Sánchez a su legítima victoria.

Mujeres congresistas de ambos partidos se mantuvieron firmes junto a Sánchez. Ella se convirtió en la heroína de miles de mujeres que dijeron que ya no estaban dispuestas a que se les quitara lo que era suyo.

Quince meses y cientos de miles de dólares después, el grupo operativo que investigó el reto de Dornan a la votación no pudo probar sus acusaciones.

Sánchez había desafiado al guapetón y había ganado.

Ésta es la misma mujer que se sentó a coser su propio traje de toma de posesión de su cargo.

Eso es poder.

ENFRÉNTATE DE UNA MANERA NUEVA Y DIFERENTE

No te voy a mentir.

Cuando subes al cuadrilátero, es muy probable que salgas con algunas magulladuras. Para sobrevivir tienes que desarrollar músculos que te permitan reaccionar de la forma que desees y propinar un puñetazo con la derecha que consista en efectividad, no ego. Parte de esto es usar tu ira para ver con qué estás realmente comprometida, y luego moverte de la manera más poderosa posible.

Mi agente, Rusty Robertson, es una de las mejores luchadoras que he visto en acción. Recientemente me contó una historia de guerra acerca del cierre de uno de los negocios más grandes de su carrera.

Hace años, cuando era una novata en el negocio de las relaciones públicas y el mercadeo, Rusty consiguió hacer una presentación a un grupo de poderosos inversionistas para un potencial proyecto multimillonario. Inexperta, nerviosa y frente a algunas de las personas más difíciles e influyentes de las cadenas de radiodifusión, ella trazó un plan total de negocios para su idea. Al final de la presentación, se encontró frente a un mar de rostros sarcásticos. Entonces, desde el otro lado de la mesa, oyó decir el inversionista principal:

—¡Usted no es más que una *huckster* (mercachifle)!

Decidió no reaccionar en ese momento, pues habría echado a perder todo el negocio. Eligió reprimir sus sentimientos y, privadamente, echarse a morir.

Insultada y colérica, Rusty terminó su presentación, se fue a su casa, y buscó el significado de la palabra *huckster*. Se enteró de que quería decir "persona que vende sus mercancías en la calle; un vendedor ambulante, sobre todo de frutas y vegetales".

Ella estaba convencida de que iba a cerrar este negocio y sabía que podía ganar con tan sólo hacer el lance correcto. Recordó que al inversionista principal le encantaban los tomates, así que decidió enviarle una ENORME cesta de tomates. Rusty puso una gran cinta roja alrededor de la cesta y firmó la tarjeta: "De su amistosa *huckster*".

Pues bien, el tipo se divirtió de verdad con eso. Cerraron el trato… y siguieron haciendo muchos más, sobrepasando los US$100 millones en negocios. Con el paso del tiempo, este inversionista y Rusty se hicieron buenos amigos, y él aprendió a respetar su creatividad y energía.

A veces el lance correcto es no es un ágil gancho de abajo arriba con la derecha. Como dice Rusty:

—¡A veces el lance que te da el triunfo es una cesta de tomates y una dosis de atrevimiento!

PREPÁRATE

En 1990, la Dra. Antonia Coello Novello, originaria de Puerto Rico, se convirtió en la primera mujer y la primera hispana que fungió de Inspectora General de Sanidad de Estados Unidos. Nombrada por el presidente Bush, se vio enfrentada enseguida con las nuevas amenazas de salud que confrontaba la nación. Este cargo ponía a prueba una vida entera de entrenamiento y requería compasión, arduo trabajo, habilidad y la determinación de triunfar.

Como Inspectora General, la Dra. Novello estuvo a la cabeza de la lucha nacional contra el hábito de fumar y el sida, abogó por una dieta y nutrición mejores, y enfatizó la importancia de la vacunación y la prevención de las enfermedades.

La infancia de Novello había estado marcada por una enfermedad crónica del colon, un problema que sería corregido quirúrgicamente a los 18 años. Su experiencia la condujo a prometerse que atendería al sufrimiento de los demás y a la decisión de obtener un doctorado en medicina.

Se convirtió luego en profesora de pediatría en la Universidad de Georgetown, Subdirectora de los Institutos Nacionales de Salud Infantil y Desarrollo Humano, y *fellow* del Congreso en el personal del Comité del Trabajo y Recursos Humanos.

Situada en la vanguardia de la investigación del sida en los niños y las gestiones de una red nacional para adquirir, asignar y transportar órganos humanos para trasplantes, Novello aprendió con esfuerzo y tiempo a reconocer cuándo usar la confrontación, cuándo usar el elemento de sorpresa, cuándo atacar a Goliat y cuándo retirarse para echar la pelea otro día.

Propulsada por la responsabilidad de ser la voz de aquellos que no podían hablar por sí mismos, la Dra. Novello continúa luchando en su actual cargo de Comisionada de Salud por el Estado de Nueva York, donde trabaja para brindar cuidados de salud a niños vulnerables para que puedan crecer fuertes, con la posibilidad de tener el tipo de educación y éxito que ha tenido ella. Uno de sus "trofeos de guerra" más preciados es la petición del Museo Smithsonian de obtener su uniforme de Inspectora General para desplegarlo en su colección.

En una ocasión le pregunté:

—¿Cuál es su estrategia específica de lucha más efectiva?

Ella me respondió:

—No hagas pucheros, sino prepárate. No puedes impulsarte solamente con la emoción. El poder lo tiene la persona que está situada en una posición genuina y armada con los datos correctos, los hechos correctos y la información correcta.

Si tienes la intención de triunfar, asegúrate de prepararte.

ESCOGE BIEN TUS BATALLAS

Si desperdicias tu energía luchando cada peleíta, vas a estar agotada cuando tengas que luchar las batallas importantes. Ya sabrás cuándo es tiempo de alzar los puños: vas a sentirlo en tus entrañas.

Cuando otro niño llamó a mi hijo "mierda puertorriqueña" en la escuela, un día después que hubo un gran despliegue sobre mí en la prensa, no vacilé ni por un instante. Sabía que tenía que luchar.

Pero primero tenía que recobrarme de la herida.

El insulto me había lastimado a mí tanto como a mi hijo. Me había dejado adormilar en estado de falsa seguridad al mudarme con mi familia para un pueblecito suburbano de Nueva Jersey. Pensé que había encontrado un lugar donde podía descansar y donde mis hijos estuvieran realmente seguros. Mis chicos estaban creciendo rodeados por estancias de caballos y tiendas de antigüedades, y estaba bastante segura de que ellos no enfrentarían los terrores que me habían atormentado durante mi infancia: pandillas callejeras y drogadictos, cadáveres delante de la puerta. Pero me había olvidado que el racismo vive en todos los códigos postales.

Hice una cita en la escuela. Luego me reuní con el director, los padres y el niño para estar segura de que el incidente había sido tratado con seriedad y que no sucedería de nuevo. Hice acto de presencia y luché por mi hijo para que él supiera que eso era esencial.

Al mismo tiempo, inicié un diálogo con él, enfatizando dos puntos:

—De lo primero que quiero que te des cuenta es de que hay algunas cosas en la vida que no tienes que tolerar. Quiero que me hagas saber si algo parecido sucede otra vez, y vamos a lidiar con eso. Pero lo segundo que quiero que recuerdes es aun más importante: lo que el mundo piense de ti no importa. *Lo que importa es lo que tú pienses de ti mismo.*

Lo entendió. Lo pude ver en su rostro.

USA LA IRA

¿Qué harías si estuvieras embarazada y descubrieras que tienes el virus del sida?

Si eres como la mayoría de mujeres en África del Sur, te mantendrías callada y rezarías.

Eso fue lo que hizo Mercy Makhalemele... al principio. Ella no dijo nada acerca de su estado de salud y rezó a diario para que su hijo naciera sin el temido virus.

En África del Sur una de cada tres madres le transmite el virus a su bebé. Estos niños a menudo viven y mueren solos, abandonados y sin ser reclamados por parientes que no quieren verse estigmatizados.

Mercy logró mantener en secreto su condición de portadora del VIH hasta la mañana en que dio a luz, cuando las enfermeras lo leyeron en su gráfica de condición física.

Temerosas inclusive de tocarla, la dejaron sola, sin atención.

Y luego la tragedia continuó: Mercy descubrió que su bebita recién nacida también era positiva del VIH.

Entonces, como ahora, en África del Sur hay más personas infectadas con el virus del VIH que en ningún otro país del mundo. Pero se hablaba poco de la enfermedad. Las personas con sida sentían temor de ser expulsadas de sus hogares o de perder sus empleos si se sabía acerca de su estado de salud.

La trágica historia de una mujer, Gugu Diamini, se ha convertido en una historia de advertencia para muchas mujeres sudafricanas. En 1998, después de haber admitido que era positiva del VIH, fue apedreada hasta morir por un grupo de hombres jóvenes que decían que ella era una vergüenza para su comunidad.

Mercy esperó ocho meses antes de decirle a su esposo, Sam, que ella tenía el virus. Aunque Sam le había transmitido a ella el VIH, él no creía que estaba infectado. Cuando Mercy le reveló su enfermedad, no sólo la golpeó y la botó de la casa, sino que también le reveló su estado de salud al jefe de ella.

Pero los problemas de Mercy no habían terminado: su esposo murió de sida en 1994 y su hija en 1995, a los dos años y medio de edad.

¿Qué harías si perdieras tu empleo, tu esposo y tu hijo por culpa de un virus que también amenazaba tu propia vida?

Después de estas muertes, en vez de rendirse a una derrota inevitable, Mercy se convirtió en una guerrera dedicada a luchar contra sus dos formidables enemigos: el sida y el estigma que hacía que nadie hablara de eso.

¿De dónde sacó el valor?

Mercy se adhirió a sus raíces. Su nombre en la tribu significa "tigre verde", en referencia a la naturaleza pacífica de sus antepasados. Por generaciones, su pueblo había sufrido muchas injusticias, incluso el encarcelamiento de su padre durante el apartheid.

Sacando fuerzas de las costumbres amables de su pueblo, Mercy comenzó a trabajar para movilizar y sensibilizar a las personas con respecto al sufrimiento humano que se escondía tras el silencio.

Al desafiar el estigma asociado con el sida y al tratar de llegar a los demás, Mercy fue capaz de transformar su ira en una fuerza sanadora, lo que la rejuveneció y le permitió sobrevivir.

—La ira me consumía de tal forma que el único alivio fue encontrar una forma de amar a las personas, de tener compasión por aquellos que estaban enfermos —me dijo.

Mercy Makhalemele se ha convertido en una de las más prominentes activistas en la lucha contra el sida en África del Sur, y recientemente organizó en su país una conferencia por satélite sobre el sida para mujeres, como parte de la XIII Conferencia Internacional Anual sobre el sida.

—No puedo estarme tranquila —dice—. Toda mi familia ha sido destruida. Esta cosa se ha llevado todo lo que yo quería tener cuando era joven. Ahora, al pensar en eso, al pensar en todas mujeres y hombres jóvenes de este país, me vuelve loca pensar que África del Sur ha luchado tanto para tener lo que tenemos hoy. ¿Por qué debemos perder todas estas oportunidades para nuestros jóvenes africanos de ambos sexos por culpa de esta enfermedad?

APRENDE CUÁNDO TIRAR LA TOALLA

Si hay algo de arte en la lucha, también hay un arte en dejarla.

Durante largo tiempo me enredé en una batalla que estaba empezando a minar toda mi energía. Fue un gran alivio —y una gran lección— cuando me di cuenta de que la guerra se había terminado y que había llegado la hora de retirarse.

Después que abandoné la empresa de mi suegro para comenzar mi propia compañía, un miembro de la familia, que había sido un antiguo compañero de trabajo, comenzó a diseminar rumores y a hacer falsas acusaciones. Empezó a llamar a clientes y a aconsejarles que no hicieran tratos ni con mi esposo ni conmigo. Mi suegro había acabado de someterse a una operación de *bypass* y no estaba en condiciones de intervenir.

Y allí estaba yo, una madre joven, tratando de luchar contra mis propios retos y de crear un negocio nuevo, y en todos los sitios hacia donde me volvía estaba este hombre obstaculizando mi avance con rumores y calumnias.

Era algo como lo que sucede en una novela de Stephen King: él estaba detrás de cada esquina, una pesadilla que no se terminaba.

En un momento determinado, yo estaba sentada junto a una clienta en Caldor, una cadena regional de descuento. Estaba a punto de cerrar un negocio cuando ella me dijo:

—Sabe, alguien llamó a la oficina esta misma tarde y dijo que no deberíamos reunirnos hoy ya que ellos están en litigio con usted.

La acusación era incierta, pero aun así me desconcertó y me desvió del curso de mi presentación. Tuve que gastar parte de mi tiempo de ventas explicando la situación.

Pasaban los meses, y cuando yo pensaba que ya los ataques habían terminado, comenzaban de nuevo. Me sentía como si estuviera nadando contra la corriente, defendiéndome contra esta calumnia incesante. Era agotador y exasperante.

Entonces empecé a comprender que este hombre no sólo me estaba lastimando a mí; por extensión, estaba haciéndoles daño a mis hijos.

Darme cuenta de esto me movilizó a la batalla.

Yo hubiese querido manejar este asunto dentro del seno familiar, pero mi antiguo colega convertido en enemigo me obligó a tomar acción.

Reuniendo mis fuerzas, comencé mi ofensiva. Contraté abogados y amenazamos con llevar a juicio a toda la compañía por las acciones de ese hombre.

Cuando di este paso y lo llevé hasta el fin, los ataques personales cesaron finalmente, pero todo el proceso demoró años. Sin embargo, aun después de terminarse, me agarré a los residuos de la lucha, manteniendo su fuego ardiendo en mi cuerpo y mi mente.

Había noches en las que no podía dormir, reviviendo mi cólera y urdiendo planes de venganza. Seguí sintiéndome agotada y amargada, inclusive cuando ya no quedaba enemigo contra quien luchar.

Comencé a ver que me estaba envenenando a mí misma con esta clase de pensamientos, encadenando toda la creatividad y energía que necesitaba para mis proyectos. Así que llegué a un acuerdo conmigo misma.

Decidí soltar mi amargura durante un día y ver cómo me sentía con eso.

Fue maravilloso. Todo mi cuerpo se sentía más ligero, como si me hubiese quitado una armadura. La gente me sonreía con más frecuencia y, frente al espejo, mi rostro no se veía afligido.

Me sentía tan bien, en realidad, que lo extendí a otro día más, y luego al siguiente. Empecé a conocer a nuevas personas y a tener ideas frescas.

Comencé a ver que todo mi mundo estaba comenzando a avanzar ahora que no estaba hundida en el resentimiento. Sin todo ese veneno tupiendo mi sistema, mi creatividad pudo fluir nuevamente.

El arte de dejar la lucha es tan importante como el arte de luchar.

Tienes que saber cuándo deponer tus armas y reunir tu energía para un nuevo encuentro.

CÓMO TENER UN BUEN ESTILO EN EL CUADRILÁTERO

No te agites

No puedes ser una buena boxeadora si eres una olla hirviente de viejas heridas y desaires. Mientras más sepas manejar tus emociones, menos ellas te controlarán a ti. Si tienes un desacuerdo o un malentendido, trabaja para resolverlo lo más rápidamente posible.

Prueba esto:

1. Escribe en un pedazo de papel la lista de disputas que están ocupando lugar entre tus emociones y pon la fecha aproximada de cuándo ocurrieron.
2. En una segunda hoja, traza dos columnas. Llama a una "activas" y a la otra "inactivas".

3. Echa una mirada a la lista de disputas. Coloca cualquier disputa con la que no hayas lidiado activamente en más de un mes bajo el rótulo de "inactivas" y luego táchala usando un marcador de trazo ancho. ¿Te has estado sintiendo mal respecto a un desaire que tu jefe o tu suegra te hicieron hace seis meses, cuando obtuviste tu empleo? Coloca esto bajo "inactivas" y táchalo. ¿Todavía estás molesta con ese competidor que te robó el cliente hace ocho semanas? Eso también es historia antigua; colócalo bajo "inactivas".

4. Coloca todo lo que tenga menos de un mes bajo "activas".

Ahora, dirígete a los problemas activos. No tienes que meterte en una pelea de gatos y tirar a la persona hacia la cuneta. Tan sólo expresar verbalmente tus problemas a menudo le quita un poco de peso a un conflicto... y te permite seguir adelante.

Por ejemplo, si estás furiosa por la manera en que un colega te habló en una ocasión, comunícale enérgicamente un sencillo mensaje usando las siguientes directivas:

- ◆ Habla directamente.
- ◆ No debilites tu posición usando palabras como *deseo* o *por favor*.
- ◆ No expreses tu declaración en forma de pregunta.
- ◆ No ofrezcas una falsa disculpa si tú no hiciste nada mal.
- ◆ Pide algo en específico.
- ◆ Logra un compromiso.

Prueba con algo como:

—Me molestó la manera en que tú me criticaste pública-
mente en la reunión de ayer. En el futuro espero que ese tipo
de discusiones se conduzcan en privado. ¿Puedes convenir
en eso?

A la mayoría de las personas no se les llama la atención
sobre su comportamiento, y por ello andan por ahí incon-
scientes del daño que causan. Lo más probable es que tu
colega ignora lo molesta que te sientes y te dirá:

—Oh, lo siento. No me di cuenta. La próxima vez lo
haré.

Por supuesto, también podría decirte que te vayas a freír
espárragos. Y entonces vas a necesitar decidir si dejar el
asunto o continuar el asalto. De cualquier modo, lo que
importa es sacarte esto de la cabeza. Expresar verbalmente
tus quejas cierra este extractor de energía y te permite seguir
adelante.

Monta un asalto de éxito seguro

Yo puedo ser una perra de presa si tengo que serlo, pero
¿quién quiere vivir una vida de perro? Antes de enseñar los
dientes, de que se te ericen los pelos del lomo y saltes al com-
bate, asegúrate de que tu contrincante no vale más vivo —y
de tu lado— que muerto. A menudo, tu objetivo no debe ser
hacer trizas a alguien y pararte con maligna satisfacción
sobre el cadáver. A veces tu meta debe ser encontrar una
forma para juntar tus fuerzas con las de él o ella, de manera
que puedan clamar victoria juntos.

Eso fue lo que hizo Alice Borodkin.

Siendo la editora jefa de un periódico de Denver, el
Women's Business Chronicle, para mujeres profesionales y

empresarias, tenía frente a sí dos amenazas. La primera eran los grandes y pudientes periódicos del área, los cuales estaban comenzando a fijarse en el lucrativo mercado de las mujeres profesionales. La segunda amenaza era más pequeña y más personal: otra mujer, en el otro extremo de la ciudad, publicaba una revista a color, *Zenith Woman Magazine,* la cual ya estaba en competencia directa por el mismo espacio especializado.

Aunque Alice y su competidora inmediata, Judy, se conocían, tenían poco contacto personal. Se trataban cortésmente cuando se encontraban en eventos empresariales, pero eso era todo.

Entonces el esposo de Alice murió y Judy hizo algo que es natural para las mujeres: traspasó las barreras de la competencia y expresó sus condolencias enviándole una postal de pésame a Alice. Después de eso, cada vez que ella y Judy se encontraban en los eventos, comenzaban a platicar acerca de sus vidas. Y cuando Alice se casó de nuevo, incluyó a Judy en su lista de invitados.

—Tú sabes cómo se relacionan las mujeres; siempre nos relacionamos. Conversamos sobre nuestras vidas; nos abrimos unas a las otras —dijo Alice—. Las mujeres no pueden evitar hacerlo, inclusive si son competidoras.

Pronto sus pláticas se dirigieron hacia los negocios y la amenaza que ambas enfrentaban por parte de los gigantescos periódicos.

Durante una cena, mientras ambas estaban paradas conversando entre ellas, una colega les pasó por el lado, las vio y dijo:

—Oh, ustedes dos juntas; va a haber problema.

Se inspiraron el bombillo. *Problema.* Tal vez la otra tenía razón.

Mientras más conversaban, más Alice y Judy se daban cuenta de que cada una era demasiado pequeña para mantenerse firme por separado en una batalla prolongada con los gigantescos periódicos. Pero si consolidaban sus recursos en vez de desperdiciar sus energías compitiendo entre ellas, ambas podrían convertirse en una fuerza mayor que *podría* frustrar a los altos ejecutivos.

Y eso fue lo que hicieron.

Estas dos antiguas competidoras dieron un paso astuto y poderoso: se hicieron aliadas.

El primer proyecto que hicieron juntas, la producción de una guía de páginas amarillas para mujeres del área de Denver, fue tal éxito que decidieron continuar uniendo sus talentos complementarios. Juntas, siguen publicando el periódico, la revista, las páginas amarillas y ahora la *Women's Network Reference Guide*. Su tirada es actualmente de 55.000 ejemplares, más del triple de la tirada de cada una de sus publicaciones previas.

—Tomó tiempo que confiáramos la una en la otra —dijo Alice—. Pero puedo poner mi vida en manos de Judy. En vez de rompernos la cabeza contra la pared por separado, ahora trabajamos juntas. En vez de un David luchando contra Goliat, ahora hay dos.

Como resultado de su alianza, las dos mujeres se han extendido en direcciones que ellas no se hubieran imaginado anteriormente, ofreciendo servicios de consultoría a compañías que querían entender el mercado. Y Alice se está postulando para obtener un asiento en la Cámara Estatal de Representantes.

Como mujeres, somos campeonas en forjar relaciones personales y en fomentar la cooperación. En términos de crear alianzas, les ganamos a los hombres.

Échale otra mirada a alguien que hayas percibido como una amenaza, alguien a quien puedes haber estado observando a distancia. ¿Habrá alguna forma en que ustedes dos pudieran ser capaces de vincularse y combinar sus talentos y recursos? Ten el valor de extender tu mano a un contrincante que valga la pena, y tu recompensa podría ser un aliado poderoso.

LO QUE HACEN LOS QUE SABEN

Entrénate con los mejores

Hay tantas batallas en el mundo por las que vale la pena luchar: acabar con el hambre en el planeta, erradicar la pobreza y brindar una educación de primera clase a todos, por ejemplo. Los grupos de voluntarios, de raíces populares y de defensa de derechos son excelentes campos de entrenamiento donde los novatos son bienvenidos; estos grupos a menudo carecen de personal y fondos suficientes. Busca una causa que realmente te emocione y una organización con una estrategia de lucha bien desarrollada. Tú consigues una lona donde practicar; ellos te consiguen a ti.

Celebra las victorias

Haz una lista de las batallas que has ganado, luego cuelga la lista en la pared para que te recuerde tu propia capacidad de ganar. Ya sea que hayas dejado de fumar o conseguido una cuenta por la que luchaste arduamente, asegúrate de saborear tus éxitos.

ERRORES FRECUENTES QUE COMETEN LOS BOXEADORES NOVATOS

Ser petulante

Si te muestras petulante en el cuadrilátero, puedes causar bastante daño. Lo sé. En los primeros asaltos me han despedido, he perdido dinero y he arruinado relaciones, todo por la arrogancia descontrolada... la mía, quiero decir.

Tomar riesgos que no puedes afrontar

Si no puedes darte el lujo de perder, no te metas en el cuadrilátero. El destino podría recompensar al valor, pero no a la estupidez. ¿Qué pasará si pierdes el asalto? No importa cuán grandes sean tus posibilidades de ganar, siempre hay un riesgo de que termines tirada sobre la lona, y es un tonto quien no considera esa posibilidad y no se prepare para las consecuencias.

No escuchar a los que están en tu esquina

Por supuesto, esto supone que tienes a algún partidario a quien puedes escuchar. Si te encuentras en una posición difícil en la que nadie te esté dando ánimo ni ofreciéndote los consejos que tanto se necesitan, vuelve a leer la sección sobre buscar un mentor. ¡No esperes hasta que necesites ese aliado indispensable para reclutar uno!

No escoger cuidadosamente a tus contrincantes

Si subes al cuadrilátero con Evander Holyfield, probablemente alguien se va a morir... y no va a ser Evander.

Escoge cuidadosamente a tus contrincantes, porque cuando te enfrentas con alguien, y tienes sus puños frente a tu cara, vas a pagar el precio de esas selecciones. Conoce tus fortalezas y debilidades, pero conoce también las de tu enemigo... ¡*antes* de pasar por encima de esas cuerdas! Una vez que estés dentro del cuadrilátero, podría ser demasiado tarde.

¡Tener vergüenza de salir corriendo!

Si ya estás dentro del cuadrilátero y te das cuenta de que estás en desventaja, no permitas que un orgullo fuera de lugar o la terquedad te impidan hacer una salida elegante y rápida. Hay fuerzas contra las que no se puede combatir; son demasiado poderosas. Y la única manera de ganar en una lucha contra ellas es rendirse. No hay vergüenza en una retirada honrosa. Salir cojeando del cuadrilátero es mejor que salir en una camilla con una etiqueta en el dedo gordo del pie y una azucena sobre el pecho. Por lo menos estarás viva para el segundo asalto.

Luchar hasta la muerte

No uses fuerza innecesaria. Si alguien comete una leve transgresión contra ti, no necesitas matarle y enterrarle cuando puedes resolverlo con sólo ponerle un ojo morado. Recuerda, estamos tratando de reclutar aliados, no de buscarnos encarnizados enemigos para toda la vida. Y si has asesinado completamente a tu contrincante, podrías haber creado un cadáver que va a continuar saliendo de su tumba para atormentarte, año tras año. ¡A nadie le hace falta eso!

CRISIS DE CONFIANZA

Tu mayor enemiga en la vida eres tú.

Más poderosos que cualquier fuerza externa que puedas encontrar son tus propios demonios, que te preguntan si te mereces el triunfo, que razonan que tú no deberías tratar de llegar a más, que te inmovilizan con el temor al fracaso.

¿Qué puedes hacer para aniquilar a estas ominosas criaturas? He aquí lo que me funcionó a mí:

- *Enfócate en el resultado final.* Acuérdate acerca del pago que recibirás por tus problemas y esfuerzos del presente.
- *Actúa de acuerdo a tus fuerzas.* Ser humilde no significa tenerte a menos; es conocer tus fortalezas y debilidades y hacer lo mejor que puedas con lo que tienes.
- *Conoce tus valores no negociables.* ¿Qué precio exacto estás dispuesta a pagar para lograr tus metas? Pocas cosas en la vida vienen con una etiqueta del precio adjunta. Por lo general no conocemos el costo de algo hasta que ya hemos hecho una inversión considerable en ello. Estate lista para decir: "No, basta ya", y marcharte. Nadie vale el costo de tu integridad, tu reputación o tu amor propio.
- *Avanza sin crear remordimientos.* Pregúntate: al cabo de diez años, ¿volveré la vista con orgullo y satisfacción hacia este modo de actuar? ¿O me sentiré avergonzada? Si permito que el miedo y la duda me impidan dar este paso, ¿lamentaré la pérdida de lo que podría haber sido?

◆ *Recuerda que en la vida no hay períodos de calentamiento.* Cada período de tu vida presenta oportunidades únicas. Nos gusta pensar: *Nunca es tarde para realizar mis sueños.* Y aunque admiramos a la abuela de 80 años que finalmente obtiene su título de graduación de *college*, ella es una rara excepción. Ya sea que quieras tener hijos, comenzar un negocio, convertirte en una gimnasta ganadora de medallas de oro, obtener un título de *college* o irte a recorrer Europa mochila al hombro, hay décadas en tu vida cuando estas metas son más prácticas que en otras. Si permites que esos tiempos oportunos pasen, podría resultarte difícil, si no imposible, satisfacer tus objetivos más adelante. Vive cada día como si tu sueño dependiera de eso. Y así es.

◆ *Escucha tu voz interior.* No esa voz regañona, maliciosa, que suena muy parecido a las personas que pueden haberte criticado a lo largo de los años. Aprende el sonido de tu verdadera voz interior y obedécela. Una sugerencia: tu verdadera voz interna será mucho más dulce que todos esos otros histerismos gritones de tu mente. La sabiduría susurra; tiene demasiada dignidad como para gritar.

◆ *Descubre la aventura en las cosas.* ¿Y qué si te quedas a unos pasos de tu meta... o si hasta fallas por completo? Constituirá una gran historia para tu "libro de la memoria". Cuando tengas 90 años y te estés meciendo en tu sillón delante de la chimenea, puedes contarles a tus bisnietos acerca de la locura que intentaste. Un repertorio de buenas historias es la diferencia entre ser viejo y senil y ser deliciosamente excéntrico.

- *Imagínate el mejor resultado posible.* Está bien, lo peor podría suceder. Pero igual podría suceder lo mejor. Siempre estamos dispuestas a admitir que algo terrible podría pasar, algo espantoso que ni siquiera hemos previsto. Pero a veces la vida también tiene sorpresas agradables. Los resultados, para nosotras y para los demás, podrían ser más maravillosos que cuanto los hubiéramos podido imaginar jamás.

- *Encuentra algo por lo cual estar agradecida.* Esto es lo más fácil, porque todas tenemos bendiciones a nuestro alrededor... si tan sólo dedicamos tiempo a buscarlas. Hazte el hábito de hacer una pausa y pensar en tres cosas en tu vida que tú aprecias. Inclusive en un día de síndrome premenstrual, en que los niños tienen catarro, el gato se cayó en el latón de basura y tu asociado de negocios huyó a Marruecos con la peluquera del perro de lanas de su mujer... siempre queda el chocolate.

Capítulo 7

Juega por encima de las reglas

"Todo desafío serio empieza desde dentro".

— EUDORA WELTY

Desde el mismo instante en que se nos abrigó en frazaditas rosadas cuando bebés, todas hemos ingresado al Entrenamiento para Ser Niñas Buenas. Se nos amamanta, se nos dan lecciones de higiene personal y se nos hace digerir a cucharadas una dieta de obediencia y conformidad.

La única forma de evadir ese entrenamiento es ser criada en una isla desértica. Desde el Deja-de-alborotar hasta el Espera-y-sé-paciente, estos mensajes de Niña Buena se nos inculcan a todas.

El problema es que esos mensajes nos obligan a jugar el juego con reglas anticuadas, que ya no se aplican más. Para soñar en grande y vivir tu sueño ahora mismo, tendrás que aprender a jugar por encima de las reglas.

Mujeres osadas, mujeres que están dispuestas a poner a prueba los límites, han allanado la senda hacia la dignidad y el poder. Si una costurera desconocida llamada Rosa Parks no se hubiera negado a ceder su asiento en el autobús a un pasajero de raza blanca en Montgomery, Alabama, es posible que jamás hubiese habido un boicot al transporte público de Montgomery en 1955. Sin gente comprometida con la promoción del concepto del derecho a la superación personal, puede que nunca se hubiese dado el subsiguiente fallo de la Corte Suprema de Justicia de Estados Unidos, de que las leyes estatales y municipales de Alabama que permitían la segregación eran ilegales.

Si Susan B. Anthony y Elizabeth Cady Stanton no se hubiesen rebelado contra las leyes del estado —y las costumbres de la sociedad— ¿quién sabe cuándo habrían ganado las mujeres el derecho al sufragio?

Desde Sojourner Truth a Billie Jean King a Wilma Mankiller —la primera mujer cacique de la Nación Cherokee—, han sido las mujeres que han alborotado las que han cambiado el mundo.

Pero esas pioneras pagaron un precio por todas nosotras; jugar por encima de las reglas puede ser costoso y difícil. Una vida entera de acondicionamiento puede mantenernos a la zaga.

Tú podrías pensar: "Esto no me afecta a mí. Yo soy una mujer moderna que ha resuelto todos esos asuntos". Pero la letanía de cosas que deben hacerse y que no son permitidas es tan extensa que es bien posible que ni siquiera estés al tanto de su efecto censor sobre ti y sobre tus acciones diarias.

Es difícil distanciarse por completo de ese Entrenamiento para Ser Niña Buena.

Tan sólo hazte unas cuantas preguntas:

- ¿Necesitas que tus acciones sean revalidadas por otras personas?
- ¿Eres incapaz de aceptar, con amabilidad, los cumplidos?
- ¿Te disculpas cuando no tienes necesidad de hacerlo?
- ¿Antes de hacer una aseveración dices: *Me gustaría, ¿Le importaría...? ¿Quisiera...?*
- ¿Dices *tal vez,* cuando de verdad quieres decir *no?*
- ¿Te niegas a ti misma las cosas que te encantan?
- ¿Evades las confrontaciones?
- ¿Minimizas tus logros?

Aun si esos comportamientos no son temas obvios para ti, es probable que hayan surgido en algún momento de tu vida.

Y todas podemos aprovechar un poquito de práctica para excluirlas de nuestras vidas.

NO JUEGUES A LO PEQUEÑO

Ahora que ya hemos crecido —que estamos en el mundo, con familias que controlar, negocios que administrar, competidores que vencer y batallas por ganar— jugar en pequeño no es seguro; es una amenaza a nuestra felicidad, a nuestra sensación de habernos realizado, a nuestro propósito mismo para estar aquí.

No hay motivo para que se nos atropelle, se nos doblegue, se nos minimice o se nos soslaye porque aún estamos esperando el permiso para seguir adelante. No podemos permitirnos que se nos haga a un lado por la consabida fórmula de ser cortés, placentera y pasiva.

Por lo que más quieras, retén algo de lo que se te ha legado. Anda, preserva la receta favorita de tu abuela para hacer bizcochos, los sabios consejos de tu tía Ethel y las enseñanzas de tu madre sobre cómo se debe criar a los hijos.

Pero cuando llegue la hora de triunfar, considera que probablemente te irá mejor si haces exactamente lo contrario de algunas de las cosas que te enseñaron.

¡SÉ DESAFIANTE!

Como niña que veía a los chicos de la familia Brady en su escuela sin garabatos en las paredes, su vecindario inmaculado y su espacioso hogar, me cansé de no tener lo suficiente, de prescindir de cosas. Mirando más allá de los barrotes de acero que mi padre colocaba en nuestras ventanas para impedir que entrasen los drogadictos, me preguntaba: *¿Lograré jamás salirme de aquí?*

Yo conjuraba sueños desafiantes que aportaban una escapatoria en mitad de los episodios de convulsiones de madre, los ingresos de mi hermano al hospital y las ensordecedoras sirenas que rasgaban el silencio de la noche. Y eso me ayudaba a decir que no a la desesperanza que me rodeaba.

Yo no soy la única que ha recurrido a esa forma de escapatoria. Una actitud desafiante ha nutrido muchos sueños "irreales".

En 1967, cuando Kathrine Switzer se inscribió para correr en el Maratón de Boston, lo hizo con sus iniciales, K. B. Switzer, porque el maratón era todavía una prueba reservada para hombres. Ésa fue una época en la que la creencia generalizada era que los deportes extenuantes comprometían la capacidad de una mujer para tener hijos.

Eso es lo que decían las reglas, pero Kathrine estaba empeñada en correr, de cualquier forma. Así que se recogió el cabello bajo una gorra de béisbol, a fin de ser menos visible, y comenzó a correr. A lo largo de la ruta, uno de los funcionarios la identificó como mujer, se lanzó hacia ella y trató de quitarle el número de su espalda mientras ella seguía corriendo. Su esposo y entrenador bloqueó al funcionario y le gritó a Kathrine que corriera a toda máquina. Y eso fue lo que ella hizo.

A pesar de la tensión, Switzer se las arregló para terminar la competencia en un tiempo estimado de escasamente poco más de cuatro horas y 20 minutos. Pero su participación generó tal alboroto que fue descalificada y se la suspendió como miembro de la Unión Atlética Amateur.

Fueron necesarios cinco años y una ardua batalla legal, pero en 1972 Switzer se convirtió en una de las nueve mujeres que corrieron legalmente en el Maratón de Boston.

NO ESPERES TU TURNO... PUEDE QUE NUNCA LLEGUE

Cuando yo comencé a conducir en la ciudad de Nueva York, solía esperar pacientemente, con mi luz direccional destellando intermitentemente, a que me llegase el turno para insertarme en el tráfico.

Esperaba y esperaba que otros conductores me dejasen sumarme al tráfico. Me aguantaba hasta que cambiaba el semáforo, los autos pasaban raudos junto al mío y pasaban los minutos. ¿Y saben qué? Mi turno nunca llegaba.

No me llevó mucho tiempo percatarme de que si yo no comenzaba a insertarme gradualmente en el tráfico, bien podría estar esperando hasta que cambiasen las estaciones.

Yo tenía que *hacer* que me llegase mi turno. Tenía que aventurarme poco a poco y crear mi propio espacio.

Hay otros momentos en los que simplemente señalar que estás en la lista no basta, en los que tienes que empujar poco a poco para ingresar al mundo.

Durante mi segundo año de universidad, conseguí un empleo como dependienta de servicio al cliente en una compañía fabricante de bolsos de mano y sombrillas.

Para mí ese trabajo era un medio para alcanzar un fin, una forma de financiar mi educación universitaria que, luego, me propulsaría hacia mi verdadero "trabajo", que yo seguía creyendo sería en la rama de abogacía. Aún elaboraba fantasías sobre convertirme en una Perry Mason femenina, de pie ante un jurado, haciendo que se doblegaran culpables propietarios de inmuebles de apartamentos de mala muerte.

Así que me asombré cuando me enamoré del mundo de los negocios. El ritmo, la energía, el ciclo entero de hacer algo de nada fueron para mí una revelación. Quería saber más y más.

Por primera vez en mi vida, trabajé por el simple placer de hacerlo. Tragué todo aquello que fui capaz de aprender.

Pronto ya estaba inquieta por avanzar hacia el siguiente nivel. Me dirigí a mi jefe y le pregunté si estaba dispuesto a considerar enviarme en una visita de ventas. Él se negó, argumentando todos los motivos ya conocidos.

—Eres demasiado joven. Aún estás en la escuela y eres inexperta —me dijo.

Así que me dirigí de nuevo al mostrador de servicio al cliente y continué respondiendo los teléfonos y abriendo el correo. Pero yo no era ya la misma. Había comenzado a ansiar más.

Un día, recibí una consulta telefónica del Museo Americano de Historia Natural. El museo pidió que le enviásemos un folleto, seguido por la visita de un vendedor.

Se suponía que yo informase a mi supervisor sobre todas las llamadas recibidas. Pero también sucedió que yo estaba enterada de que no había vendedor alguno a cargo de esta cuenta. Así que las tuercas en mi cerebro comenzaron a girar. Todo el día, mientras abría sobres y contestaba el teléfono, me veía caminando hasta ese imponente edificio de estilo Beaux Arts en la Calle 79, al otro lado del Parque Central.

Yo había adorado ese museo desde que era una pequeña, observando los dinosaurios y deambulando al frente de sus dioramas. Al crecer rodeada de acero y concreto, me emocionaban las maravillas del mundo natural.

Y ahora, me embelesé con la idea de que, ya adulta, regresaría al edificio para ganar la cuenta del museo.

Así que decidí no esperar.

Era una decisión arriesgada. Había una buena probabilidad de que me despidiesen... con o sin venta alguna.

Yo era una pobre estudiante que vivía de un cheque de sueldo al siguiente. Mi trabajo me permitía comer. Pero me dije que éste era probablemente uno de los pocos momentos que me quedaban en la vida en los que podría tomar un riesgo y resolver, luego, las consecuencias.

Llamé al museo e hice una cita. Y luego, sin decir ni pío a nadie, me preparé. Me preparé *bien*. Hice todas mis investigaciones, elaboré una propuesta de precio, y practiqué lo que iba a decir.

La mañana de la cita en el museo llamé a la oficina para excusarme por enfermedad, me puse mi mejor vestido y abordé el tren hacia Nueva York.

Y entonces, ahí estaba yo, subiendo la escalinata de ese magnífico museo. Estar en la ciudad de Nueva York, subiendo por esa escalinata, fue un verdadero momento como si fuese Marlo Thomas en *That Girl!*.

Conocí al encargado de mercadeo, estreché su mano, y lo seguí hasta su oficina, como si eso fuera lo que hiciera todos los días. Estaba tan preparada que mi presentación transcurrió con mucha más facilidad de la que yo me había imaginado. Y para el momento en que salí de la oficina tenía un compromiso, tal como me lo había propuesto.

Pero el mejor momento de todo fue cuando entré en la oficina de mi jefe con un orden de compras por 2.000 bolsas de tela en mi mano. El presidente dio un vistazo al trato... y luego me miró. La expresión en su rostro compensó todo el esfuerzo. Se le desencajó la mandíbula, abrió desmesuradamente los ojos, y sus fosas nasales parecían sin control; fue algo fabuloso.

—¿Bueno, me va a permitir que venda o no? —le pregunté.

Me dejó vender.

A la edad de 19 años, fui nombrada ejecutiva de cuentas, y se me dio mi propio grupo de clientes que administrar.

Nunca habría llegado adonde estoy si hubiese esperado pacientemente mi turno. Y aunque ahora soy menos impetuosa, he continuado apostando en lo que creo. Y lo apuesto todo: todo lo que soy, todo lo que poseo.

¿Estás *tú* dispuesta a arriesgarte —a arriesgarte en grande— por lo que tú crees? O estás esperando pacientemente a que alguien te diga:

- cuál debe ser tu próxima jugada
- cuál es tu valía en la mesa de negociaciones
- si tienes permiso para perseguir esa jugosa cuenta.

Puede que estés esperando al margen durante mucho tiempo.

¿Por qué no concentrarte en lo que puedes lograr ahora mismo? Mira los recursos que posees y estudia la forma en que puedes utilizarlos.

SÉ UNA OPORTUNISTA

De niña, creciendo en una casa parroquial, fui testigo habitual de la procesión de la vida. Bodas, bautizos y funerales se celebraban a sólo una puerta de mi casa. Cuando entraba a la iglesia lo más probable era que me encontrase lo mismo a una mujer yaciendo en un ataúd que a una caminando por el pasillo en traje de novia.

A causa de ello estaba al tanto del ciclo de la vida y la muerte de una forma que otras chicas no lo estaban. Me percaté de que eso de vivir era algo serio y que la gente debía de aprovechar al máximo cualquier recurso que tuviese a la mano.

La vida de la iglesia era algo a lo cual yo tenía acceso y aprovechaba cada oportunidad que se me presentaba. Enseñé en la escuela dominical; canté en el coro; gané dinero tocando el órgano durante las bodas.

Un día me di cuenta de que los feligreses de mi padre iban a una bodega al otro lado de la calle, después del servicio, a comprar emparedados y traerlos consigo de regreso, para almorzar. Aun de niña ya tenía un espíritu empresarial, y esta pérdida de ingresos me molestaba.

—¿Por qué dejamos que la gente vaya al otro lado de la calle a comprar comida? —le pregunté a mi padre—. La iglesia podría usar ese dinero. ¿Por qué no les vendemos aquí la comida?

Al principio, mi padre no prestó atención —yo siempre estaba diseñando tramas de un tipo u otro— pero entonces comenzó a ver las posibilidades.

—Anda, prueba —dijo.

Ayudé a organizar la cocina. Pronto, cada domingo una familia distinta donaba alimentos, que nosotros cocinábamos y vendíamos. En los meses siguientes generamos cientos de dólares que utilizamos para ayudar a los pobres y hacer arreglos en la iglesia.

Por supuesto, no todas mis ideas tuvieron tanto éxito; algunas de ellas fracasaron de tajo.

Cuando comencé a investigar las universidades de la llamada Ivy League (Liga de la Hiedra), sopesé muy seriamente la Universidad de Columbia. Estudiar ahí costaba una fortuna, pero eso no me impidió intentarlo.

En cualquier momento en que me estrellaba contra un muro, buscaba una forma de caminar alrededor... o derribarlo.

Me puse mi gorrita de inventividad. *Debe haber alguna forma de poder financiar cómo estudiar ahí,* insistía yo. De repente, se me ocurrió una idea. Un miembro de la congregación de mi padre era un hombre afable y devoto que trabajaba en tareas de limpieza en Columbia. Como resultado de mis investigaciones, sabía que si alguien trabajaba para la universidad sus hijos podían asistir sin tener que pagar la colegiatura. La solución era tan simple. No podía creerlo. ¡Simplemente le pediría a este señor que me adoptara! Fui a la biblioteca y pasé horas investigando el proceso de adopción. Hasta sostuve una reunión con el hombre y obtuve su consentimiento, después de hacer una de las mejores promociones de venta de toda mi vida. Pero me estrellé en un muro de ladrillos cuando hablé con mis padres.

—*No*, Debbie —dijeron—. *No* vamos a acceder a prescindir de nuestros derechos parentales.

—Pero ma…

—Olvídalo…

Ése era un muro de ladrillos que yo no podía derribar, así que tuve que aceptarlo. Pero, vamos… ¡lo intenté!

PAVONÉATE CON LO QUE TIENES

Cuando comes uno de los Lulu's Desserts (Postres de Lulú), la dulzura que saboreas es el resultado de los deliciosos ingredientes que María de Lourdes Sobrino incluye en sus confecciones de gelatina, repletas de frutas. Es también el dulce sabor del éxito… un éxito logrado por una mujer que no tuvo temor alguno de pavonearse con lo que tenía.

Sobrino creyó en sí misma e, insistiendo en que otras hicieran lo mismo, progresó desde vender flores en la capital de México hasta convertirse en la CEO y presidenta de Lulu's Dessert Factory, una empresa valorada en $10 millones con sede en Huntington Beach, California.

De pequeña, creciendo en la capital de México, a María le encantaba la ondulante gelatina que su madre le enseñó a hacer. La gelatina mexicana —más gustosa y saludable que la variedad estadounidense— es una golosina típica que ofrecen en la calle los vendedores ambulantes.

Pero cuando María llegó a Los Ángeles en 1981, con su esposo y la hija de ambos para abrir una sucursal de su agencia de viajes con sede en la capital de México, fue incapaz de ubicar uno solo de estos postres que se comen en cualquier momento. La única gelatina en el mercado era la Jell-O y, en esa época, sólo se vendía en polvo, en paquetes.

Los años siguientes fueron difíciles para María. Perdió su agencia de viajes debido a la recesión en la economía mexicana, y su esposo volvió a México. Sus acaudalados parientes la presionaron para que volviese a México y guiase a sus hermanos hacia carreras en derecho, pero ella decidió continuar en Estados Unidos.

—Yo creía que era una buena oportunidad —dijo—. Y temía regresar a México, porque pensaba que las cosas iban a cambiar mucho, y así fue.

Entonces, tuvo una inspiración: recrearía la golosina que aún persistía en sus recuerdos de infancia. Utilizando la receta de su madre, María comenzó su empresa, trabajando sola en un pequeño local, mezclando a mano y luego entregando por sí misma 300 vasitos con gelatina cada día a los comercios locales. Y dio en llamar a su empresa Lulu's, como la llaman a ella sus parientes y amigos.

Sin contactos empresariales y hablando poco inglés, se le hizo difícil promover sus productos entre los estadounidenses, que no entendían su apasionamiento por el postre. Pero cuando María ubicó, finalmente, los vecindarios latinos aledaños con sus tiendas y panaderías independientes, que accedieron a recibir su producto en consignación, encontró al fin su mercado. Los residentes hispanos del área tenían tanta nostalgia como ella por las golosinas que habían comido mientras paseaban por los parques de su patria.

Tras su éxito en los comercios locales, María recibió la visita de un corredor de productos alimenticios, quien colocó sus productos en los supermercados de California. Para fines de 1985, estaba en capacidad de expandir su negocio y mudarse a su segunda instalación de producción.

María contrató a más empleados y, para 1989, solicitó un préstamo de la Administración de la Pequeños Negocios Empresa a fin de reubicarse en una instalación aún más grande. Pero esa mudanza, junto con una ampliación de su línea de productos y la adquisición de nuevo equipo y nueva fábrica, la hicieron endeudarse y caer en una espiral financiera descendente.

Demoró cinco años en salir de ese foso y comenzar a arrojar una ganancia. Pero para entonces, su floreciente empresa requería de una fábrica aún más grande y modernizada.

María estaba al borde de firmar un contrato para la construcción de una nueva planta de 70.000 pies cuadrados cuando recibió una llamada de un buen amigo y abastecedor de equipo, quien le dijo:

—María, yo sé que estás lista para construir, pero antes de que tomes decisión alguna, tienes que venir a Los Ángeles y mirar una fábrica de alimentos que está a punto de cerrar…

Cuando María visitó la Baskin-Robbins Flavors Plant, coincidió con la evaluación de su amigo: era ideal para su creciente empresa.

—No podía creer que Dios me hubiese enviado este regalo apenas dos días antes de que fuera a firmar mi contrato —dijo.

El único inconveniente era que la planta era propiedad de Allied Domecq, Inc., el segundo mayor consorcio fabricante de bebidas alcohólicas del mundo. ¿Iba esta corporación global a prestar atención a una inmigrante latina de 47 años?

María se empeñó en asegurarse de que ellos sí lo harían. La mujer que había comenzado trabajando sola, agitando a mano su gelatina en un minúsculo local, estaba empeñada en concertar un trato con una de las principales compañías de la industria alimenticia del mundo.

No escatimó esfuerzos para pavonear lo que tenía en una campaña que determinaría el destino de su empresa. Envió a Allied Domecq una copia de cada premio, artículo de revista, entrevista y vídeo sobre ella que pudiera encontrar. Y cuando la compañía accedió, finalmente, a reunirse con ella, les relató la historia de su compañía, de cómo había forjado su empresa con sólo su temple y la receta de su madre escrita sobre un trozo de papel.

Los meses de negociaciones fueron capaces de destruirle los nervios a cualquiera. El edificio había que comprarlo directamente, y a María le preocupaba que otra firma, con una posición financiera más vigorosa, pudiera hacerla a un lado.

Pero eso no sucedió.

María recibió finalmente la noticia de que había sido seleccionada para comprar esta planta de 62.000 pies cuadrados. Tras producir originalmente 300 vasitos del postre diarios, Lulu's produce ahora más de 60 millones al año.

Ella también se convirtió en un modelo y mentor de otras mujeres jóvenes y adultas, disertando con frecuencia en escuelas y organizaciones sobre el espíritu empresarial.

Tras luchar duro en pro del éxito, María de Lourdes Sobrino acaba de degustar del postre que le corresponde en justicia, y la victoria sabe muy dulce.

PIDE DESCARADAMENTE

A veces nos preocupamos tanto de ser entrometidas o molestas, que subutilizamos nuestra capacidad de pedir.

Al momento de mi mudanza al este, Christine Todd Whitman era la gobernadora de Nueva Jersey. Cuando estaba yo deprimida y tomando Prozac, me encontré mirando en derredor en busca de mujeres como ella —pioneras, conquistando lo imposible— que pudiesen inspirarme para que yo siguiese delante. Un día, comencé a escribirle una carta, pero no estaba segura de qué iba a decirle.

A menudo viajo con borradores de cartas, a la espera de que algo me inspire para terminarlas. Un día, en un vuelo de regreso de una convención, tomé una revista de las que ofrece la aerolínea y ahí estaba el rostro de Whitman, mirándome desde uno de los artículos. Decidí que ésa era una señal de que debía concluir la carta.

En mi asiento de ese avión con rumbo a Newark, las palabras que había deseado decir a la gobernadora comenzaron simplemente a fluir de mí. Le conté sobre una época desesperada de mi vida, cuando había estado desempleada y el estado de Nueva Jersey había llegado en mi ayuda. Le conté cómo esa asistencia me había ayudado a levantarme de nuevo, y le expliqué que ahora estaba en posición de ser yo quien contratase empleados. Le expresé mi gratitud al estado. Y terminé preguntando a la gobernadora Whitman en qué podía yo ayudarle a ella.

El momento de redactar esa carta resultó ser el perfecto. La gobernadora andaba en busca de candidatos potenciales para importantes nombramientos en juntas directivas. A consecuencia de haber preguntado, terminé desayunando con ella y otros líderes empresariales en la mansión del gobernador. Al final, terminé exactamente en donde yo esperaba estar: en la Comisión de Nueva Jersey sobre la Situación de la Mujer, en donde podía influir, de manera activa, en las vidas de otras mujeres.

Es poco probable que la gobernadora Whitman pudiese haberme buscado para esta posición por iniciativa propia. Mi nombramiento fue un resultado directo de mi carta, escrita de manera impulsiva, una semilla lanzada al viento en la tarde de un jueves.

ARMA UN LÍO

Cecilia Pagkalinawan, la filipina fundadora y CEO de Boutique Y3K, una de las importantes firmas consultoras sobre comercio y mercadeo electrónicos, emigró de niña a Estados Unidos, con su familia, a fin de que su hermano pudiese recibir la atención médica adecuada para su problema cardíaco.

A los 29 años, se había convertido en una de las miembros más cotizadas del ambiente de la Internet en Nueva York, utilizando sus talentos naturales para concertar pactos y su disposición a armar líos.

De manera más que curiosa, su interés en la Internet surgió como resultado de una acusación de robo en tiendas. Un día, cuando estaba de compras con su hermana en SoHo, se le olvidó pagar por un par de calcetines. Cuando trató de salir de la tienda tras pagar por otras mercancías, ella y su hermana fueron llevadas a un centro de detención en Chinatown. Pero los propietarios del comercio estaban peleando con la mujer equivocada.

Pagkalinawan contrató a un abogado criminalista, momento en el que el comercio ofreció retirar los cargos. Pero en lugar de pactar un trato, ella decidió armar un lío.

Se querelló contra la tienda, y con su porción del arreglo financiero conseguido compró una computadora laptop, que llegó cargada con software para la Internet. Estimulada por la curiosidad, fue sólo cuestión de tiempo para que se diese cuenta del enorme potencial del ciberespacio.

Pronto había avanzando hasta la agencia interactiva K2 Design, donde trabajó como directora de proyectos y fue promovida a vicepresidenta de la compañía. En 1997, fue contratada como presidenta de la firma de comercio electrónico Abilon, Inc.

Cuando la compañía perdió su respaldo financiero en 1998, ella de nuevo tomó una medida audaz. En lugar de recibir discretamente su paquete de indemnización, negoció para prescindir de los fondos a cambio de la compañía misma, que compró por un dólar y renominó como Boutique Y3K.

En enero de 2000, Cecilia suscribió el contrato para una inversión de \$15 millones en Boutique Y3K por parte de Vantage Point Venture Partners.

GENERA CHISMES

Asegúrate de que la gente hable de ti a espaldas tuyas. Si estás haciendo lo correcto, será un buen chismorreo que te ayudará a generar enormes oportunidades para ti.

Ocuparte de guardar las apariencias en presencia de otros no basta; tienes que hacerlo a toda hora, aun cuando no estás ahí. Desde el punto de vista del chismoso en potencia,

¿quién eres tú, con qué estás comprometida y cómo pueden ellos contar contigo?

Te garantizo que cuando llegas a una reunión, todo lo que eres y todo lo que haces está justo ahí, contigo. Tu traje más costoso de diseñador, tu elegante peinado y tu maletín de ejecutiva Louis Vuitton son apenas una tenue fachada. La gente astuta ve lo que está debajo de la superficie: la mentira que dijiste esa mañana, el "lo siento" que no has pronunciado, tus cuentas sin pagar, el desorden en tu sótano... todo. Cualquier cosa que digas o no digas, hagas o no hagas, es perceptible por los demás. Ellos lo captan todo, aun cuando sea sólo a nivel subconsciente, mientras evalúan y sopesan continuamente tu personalidad.

Entender esto puede ser inestimable. Mantén tus acciones limpias, tanto en público como en privado, porque nunca sabes quién está escuchando, vigilándote y observándote.

Hace unos años, cuando comencé a anotar mis pensamientos, escribí una serie de artículos para la más importante publicación en mi industria, *Discount Store News*. Por supuesto, yo sabía que mis artículos serían leídos por ejecutivos influyentes en la industria: gente clave en Costco, Kmart, Sam's Club, Staples, Target Stores, Toys "R" Us y Wal-Mart. Lo que no sabía yo era el efecto de dominó que había activado.

Primero, llegó una llamada de Wal-Mart invitándome a disertar ante una reunión de la compañía. Acepté, y en ese evento recibí otro pedido para ser la oradora principal para la organización internacional Students in Free Enterprise (Estudiantes en el Empresariado Libre). Esta organización habría de reconocerme, posteriormente, con su Free Enterprise Legend Award (Premio a una Leyenda de la Libre Empresa).

Luego, el Departamento para el Desarrollo Empresarial de la Mujer y de Propietarios Minoritarios, de Wal-Mart, me invitó a explorar convertirme en vendedora. Un puñado de presentaciones después, había asegurado la primera transacción de un millón de dólares de mi carrera. Una vez que ejecutivos y gente de promociones corporativas de otros detallistas se enteraron de que yo le estaba vendiendo a Wal-Mart, fue más fácil conseguir que abrieran sus puertas.

Para mí, el buen chismorreo ha generado nuevos negocios; el privilegio de hablar ante más de 200.000 mujeres y empresarias; innumerables entrevistas en la CNN y la NBC, y en *Forbes* y *USA Today;* y la aventura cotidiana de que haya cosas siempre cocinándose por ahí.

¿Qué podrías tú cocinar con unas cuantas acciones buenas y un poco del chisme adecuado?

CÓMO JUGAR POR ENCIMA DE LAS REGLAS Y GANAR

No te quedes sin aliento

Por supuesto, la sola actitud desafiante no es lo único que te puede propulsar. Sin el trabajo arduo que la respalde, te quedarás sin aliento. Aprendí eso después de mi batalla con Wellesley en torno a mi habitación en la residencia estudiantil. Puede que yo hubiese ganado, pero la batalla me había dejado alienada y furiosa. De manera que decidí lanzar una señal de desacato a ese cursi y elitista centro universitario.

Tras iniciar mi primer año de estudios con una reputación de agitadora, a partir de ahí todo fue en picada. Caminé por el *campus* descalza y sin sostén, me hacía trencillas en el cabello, y exhibía una actitud beligerante. No asistía a clases, y no entregaba mis trabajos a tiempo.

A la edad de 16 años, me dediqué a parrandear y no presté atención alguna a mis estudios. Joven y tonta, pensé que podía actuar como una rebelde y salirme con la mía. Para fines del año había aprendido algo totalmente distinto; recibí en el buzón un informe repleto de Incompleto en las notas y una invitación para no volver.

Aun así, seguía engreída.

¿Y qué?, me dije a mí misma. *Si tengo que regresar a casa, simplemente asistiré a Barnard. Es igual de bueno.*

Pero, primero, tenía que enfrentarme no sólo a mi familia, sino a la comunidad entera, inclusive a cada hija obediente de la congregación de mi padre que había asistido al *college* comunitario como se le había enseñado.

Fue humillante volver literalmente con la cola entre las patas.

Ahí estaba yo —la rebelde, la escandalosa Debbie— de regreso en mi antiguo dormitorio, mi vieja calle... todos los sitios que pensé haber abandonado para siempre.

—Bueno, Debbie. ¿Qué pasa? ¿Por qué no estás en tu elegante escuela? —me preguntaba la gente. Yo trataba de sonreír y hacer caso omiso, pero en mi interior me estaba muriendo.

Luego, recibí el golpe de gracia.

Había solicitado ingresar a Barnard como transferencia de otra escuela, segura de que se me aceptaría. Pero cuando abrí su carta de respuesta, mi corazón dio un vuelco.

Lamentamos informarle que...

Habían rechazado mi solicitud.

Mi actitud desafiante me había hecho cerrar los ojos al hecho de que la transcripción de mi record en Wellesley me había seguido, aportando pruebas de mi improductivo año.

Barnard me aconsejó asistir a otra universidad durante un año, sacar notas de sobresaliente, demostrar que había madurado, y solicitar de nuevo mi ingreso.

Tenía que enmendar mi forma de ser y estudiar con ganas. La actitud desafiante había salvado mi ego, pero era el trabajo duro lo que me haría volver a la senda correcta.

Limita tus pérdidas

Todas lo pasamos muy mal cuando las cosas cambian.

Queremos que las cosas sigan siendo lo mismo, aun cuando lo mismo ya no le hace bien a nadie. Los irlandeses dicen: "Mejor el diablo que ya conoces que el diablo que aún no conoces". Pero tú no tienes que languidecer más en un empleo que detestas o en una relación que desprecias. Esos días han terminado.

Darse por vencida en una carrera, un objetivo o una relación que no te sirve requiere de valor. Aceptar que un sueño ha muerto es duro. Pero saber cuándo te ha llegado el momento de recortar tus pérdidas y cambiar tus fichas por dinero en efectivo es una habilidad que vale la pena desarrollar.

Renunciar a la compañía de mi suegro para fundar mi propia compañía y, luego, divorciarme, son dos de las decisiones más difíciles que jamás he tenido que tomar.

Cada una requirió de un período de intensa congoja antes de que pudiera darse un renacer. Y hubo muchos meses cuando arrastré conmigo las dudas y las recriminaciones como si fueran una frazada vieja.

Con frecuencia, un nuevo comienzo no puede darse a menos que demos por cerrados los asuntos incompletos. La alternativa —el estancamiento en la insatisfacción— podría ser mucho más debilitante. Permanecer en una situación estresante puede causar depresión, al igual que una multitud de problemas físicos. Tú puedes literalmente salvar tu propia vida evadiendo esas destructivas prisiones que pueden ser tan limitantes como celdas con barrotes de acero de verdad.

Darse por vencida es algo necesario. Libera tiempo, espacio y energía que puedes utilizar para crear un nuevo mundo para ti misma… una vida de amplias opciones.

Rose A. McElrath-Slade es la presidenta de Strategic Resources, una multimillonaria empresa de consultoría en ingeniería, software, desarrollo y administración con sede en Falls Church, Virginia.

Pero en 1983, Rose era parte de un matrimonio abusivo, un matrimonio que ella sabía que tenía que terminar.

Entonces, una mañana cuando iba a su trabajo, tuvo una experiencia que alteró su perspectiva. En medio del tráfico de hora punta, un extraño embistió su coche por detrás y, luego, la atacó personalmente. Un motorista que pasaba le salvó la vida.

Ese horrendo incidente le dio el impulso para cambiar su vida. Recortó sus pérdidas y puso fin a su matrimonio; luego, dedicó su atención a lo que en verdad deseaba, fundar una empresa propia.

Aun así, no fue fácil. Menos de un año después, le fue diagnosticado cáncer de la mama. Pero ahora que estaba trabajando para sí misma, encontró la energía para continuar, recuperar su salud y cimentar una empresa que con el tiempo acumuló millones de dólares en ventas.

Si has dado lo mejor de ti y aun así eso no está funcionando, será mejor que recortes tus pérdidas. Hacer algo a un lado no es una admisión de fracaso. Y sólo porque algo que en una ocasión fue preciado y útil en tu vida ya no tiene relevancia alguna, eso no quiere decir que fue un error. Al igual que una prenda de vestir favorita que en una oportunidad fue la talla perfecta y te hacía sentir cómoda y te mantenía abrigada, algunas situaciones simplemente se desgastan. Cambiamos, otros cambian, las circunstancias cambian, y a nosotros no nos sirve más permanecer en donde estamos.

No tienes que decir: "Jamás debía haber confiado en ella" o "Fundar mi propia empresa fue algo estúpido de mi parte". Tomaste un riesgo. Apostaste al éxito. Y aun si esa apuesta no arrojó resultados un año tras otro, no hiciste nada malo. Sólo necesitas liberar eso que ya no constituye más una influencia positiva y saludable en tu vida. Libérala con amor y dando gracias por las bendiciones que cosechaste y las lecciones que aprendiste. Entonces puedes seguir adelante con energía renovada.

Di la verdad

Es importante decirse la verdad el uno al otro. Cuando perfilaba los audaces métodos de una empresaria para asegurarse el éxito, ella me envió una nota diciéndome que no deseaba que yo utilizase su historia en este libro. Estaba renuente a que la caracterizase como desobediente... o "chica mala". Alegaba que como modelo para los niños, una descripción tal sería dañina.

Aun para mujeres ya adultas, la etiqueta de chica mala sigue dando una punzada.

Pero el verdadero peligro es cuando ocultamos nuestras luchas y las lecciones duramente ganadas de una a otra.

Cuando nos mentimos entre nosotras, perpetuamos los mitos que nos mantienen a la zaga.

Para vivir vidas poderosas, necesitamos compartir nuestras estrategias y ser honradas sobre nuestros métodos, cualesquiera que sean.

Sé tu propia animadora

Las palabras son sumamente poderosas, pero no puedes darte el lujo de esperar los elogios o la revalidación de otras personas. Puede que nunca lleguen.

Háblate a ti misma con franqueza. Puede que te sientas como una idiota, caminando por la casa diciéndote: "Tengo el poder para alcanzar mis metas" o "Me merezco tener éxito". Pero es probable que todo el tiempo estés haciendo *lo contrario*. Piensa en cuántas veces te has menospreciado hoy con sólo decirte, aunque sea para tus adentros: "Estoy gorda. Eso fue una estupidez. No puedo soportar esto. Jamás lo conseguiré. Quiero demasiado".

Para algunas de nosotras la autocrítica destructiva es tan incesante y devastadora que nos hemos vuelto literalmente nuestras propias y peores críticas y enemigas. Este proceso te puede incapacitar tanto como si te hubieras roto un brazo o una pierna.

Tus pensamientos tienen una influencia directa sobre tu organismo físico. Si no lo crees, comienza a pensar en que estás chupando una fría y recientemente cortada tajada de limón. Amarga, jugosa… esparciendo el líquido dentro de tu boca, haciéndote fruncir los labios y provocándote escalofríos.

Después de unos cuantos segundos, comienzas a salivar. Puede que estés salivando ahora mismo, nada más con leer este párrafo. Los pensamientos se traducen en reacciones físicas. Si vas por ahí pensando: *Estoy enferma, Soy débil, Estoy vieja y cansada,* no vas a ganar muchos maratones. Deja de asestarte tú misma un balazo en el pie. Aunque esto parezca cursi, trata de susurrarte unos cuantos pensamientos maravillosos cada día: "Soy fabulosa. Soy fuerte. Soy interesante". Combinadas con una acción poderosa, tus palabras pueden convertirse en una profecía autorrealizable.

Practica la asertividad

Salir en defensa de ti misma es cuestión de práctica. Mientras más lo hagas, más fácil se vuelve.

Hasta una decisión al parecer tan simple como devolver un plato porque no te agrada o devolver un vestido puede ayudarte a proscribir la tendencia excesiva conformista que corre por las venas de muchas de nosotras.

No te tragues esas palabras que deseas decir.

No pases por alto ese pescado que no está cocinado a punto o no sumerjas en el fondo de tu cajón esa blusa de talla mayor a la tuya.

Cada semana, acostúmbrate a ejecutar por lo menos una decisión afirmativa que normalmente evitarías hacer.

Por ejemplo, si alguien se salta la cola delante de ti cuando esperas al cajero del banco, no te quedes ahí presa de esa interna furia silente.

Respira profundo y hazte decir:

—Discúlpeme, yo estaba aquí antes que usted.

Esa simple declaración probablemente no sólo será efectiva, sino que también te hará sentir mejor.

Acuérdate: el temor a las confrontaciones puede causarte tanto daño como el ser combativa en exceso.

Acostúmbrate a plantarte en defensa propia, como si tú fueras tu mejor amiga.

NUEVE JUGADAS PARA CONTRARRESTAR LAS TENDENCIAS DE "NIÑA BUENA"

1. Diseña un plan ridículo para superar un muro, real o imaginario, que está bloqueando tu progreso.

2. Da un vistazo a la manera en que te estás proyectando ante el mundo exterior. Si estás desestimando tus logros, pide a un amigo confiable y competente que te dé unos consejos francos.

3. Cambia o termina con cualquier relación en la que se te critica o se te desestima.

4. Formula un pedido que tú podrías hacer hoy para conseguir algo que has estado anhelando.

5. Escribe dos actividades en las que estás involucrada que ya no funcionan más. Fija una fecha en la que puedes recortar tus pérdidas y ponerles fin.

6. Encuentra dos situaciones en las que puedes actuar fuera de los límites y todavía hacerlo con seguridad, acordándote de que las acciones ilícitas o inmorales crean muchos más problemas que los que solucionan.

7. Escribe una biografía de una sola página destacando tus logros. ¿En dónde luce demasiado breve y cómo la aumentarás en tamaño?

8. Impone una multa de 20 dólares por cada vez que tú:

- dices que tal vez, cuando quieres decir que no
- te disculpas por tus sentimientos
- te niegas a aceptar cumplidos.

9. Escribe tus 10 mejores atributos en grandes letras rojas de molde sobre una hoja grande de papel. Cuelga esa lista en la pared del baño y haz copias para colocarlas sobre el lavabo de la cocina y en la visera de tu auto. Cuando estés parada ante un semáforo, baja la visera y lee tu lista. ¡Hay mucho gozo en establecer que eres mucho más maravillosa de lo que tú misma pensabas ser!

Capítulo 8

Crea un portafolio triunfador

"La disciplina es una herramienta poderosa para conseguir lo que tú deseas de la vida".

—MARSHA SINETAR

Al hablar aquí de tu "portafolio", no estoy hablando de acciones tecnológicas o fondos indexados o bonos municipales libres de impuestos.

Estoy hablando de amasar un genuino tesoro de opciones, los activos de 24 quilates que producen lo que en verdad importa: gozo, poder, confianza, libertad… riqueza.

Éste es un portafolio que define quién eres, no qué posees.

Lo mismo si eres una avezada profesional o si, simplemente, estás comenzando a hacer tus pininos, tienes que utilizar un planteamiento disciplinado y sistemático. Y sí, hay muchas maneras de emprender ese proceso. Pero a no ser que cuentes con un plan más que seguro para ganarte la lotería, necesitas aprender algunas estrategias para la autoinversión.

COMIENZA TEMPRANO

Si yo puedo ir de nada de dinero y nada de contactos hacia una vida de gran gozo y satisfacción, y un vasto menú de opciones, simplemente cualquiera puede hacerlo.

Se trata de invertir en ti misma. Y mientras más rápido empieces, más cuantiosos serán tus activos.

Mis primeras ambiciones no se referían a amasar riquezas o acumular poder. Ni siquiera sabía qué eran esas cosas.

Yo pensaba que riqueza quería decir tener unos 50 dólares de sobra en el bolsillo; y que poder era sinónimo de un cargo público o de vestir un uniforme. A medida que comencé a desplazarme por el mundo, aprendí rápidamente que acumular poder se refiere a la estructuración de un portafolio de activos ganador y que mi inversión más fundamental habría de ser la que yo realizase en mi educación.

Durante mi adolescencia, nuestra iglesia era en el verano un centro para la distribución de almuerzos gratuitos por parte del gobierno. Para el momento en que se abrían las puertas, a las 11 de la mañana, ya había siempre una larga fila de niños hambrientos, ansiosos por disfrutar de un emparedado hecho de mortadela con consistencia del plástico, entre un par de rodajas de pan tan tiesas como el cartón. Una de mis tareas era la de confrontar ese mar de caras jóvenes y hambrientas cuando se nos acababa la comida. Esa mirada en sus rostros cuando les decía que ya no había más, se me ha quedado grabada para siempre.

Nosotros éramos también pobres, pero no teníamos que depender de almuerzos gratis. Y sin embargo, yo sabía que si no hacía todo lo que estaba a mi alcance para estudiar y obtener una educación, bien podría terminar en aprietos similares.

A causa de ello, la educación siempre ha sido para mí algo de crítica importancia, una cuestión de supervivencia. Poseo un enorme apetito por aprender y asegurarme de que cada día estoy bien nutrida. He hecho cuantiosas inversiones en mí misma tomando cursos, asistiendo a seminarios y leyendo cualquier cosa sobre la que pueda poner mis manos.

Cuando estoy leyendo un libro o aprendiendo una nueva habilidad, siento que estoy haciendo cruciales depósitos en la cuenta de mi vida. Estoy afirmando que valgo la pena, que soy una buena inversión.

DIVERSIFICA TUS ACCIONES

Muy pronto me percataría de que, aun si me volviera realmente una erudita, eso no bastaría. Necesitaba extender mi posición construyendo una poderosa red de relaciones.

En Estados Unidos nos gusta creer que el éxito se da en razón del esfuerzo individual. La mayoría de las historias que escuchamos hablan del solitario héroe o heroína, luchando sin ninguna ayuda —y hasta sin ningún aliento— por parte de ese mundo frío y cruel. Pero, en verdad, pocos individuos consiguen sus victorias sin la ayuda de alguien. La mayoría de los éxitos son el resultado de un esfuerzo colectivo.

Si no estamos al tanto de aquellos que trabajan tras bambalinas es porque las redes son, en su mayor parte, invisibles. Cuando observamos a Rosie O'Donnell, Katie Couric o Barbara Walters, no podemos ver las intrincadas conexiones que las rodean y las apoyan.

Pero detrás de cada mujer de éxito irradia una compleja red de afiliaciones, una cadena de nexos que se ha tejido y mantenido a través del tiempo.

Cuando tu suerte te ha abandonado, cuando pierdes tu empleo o la confianza en ti misma, no vas a correr hacia el banco a cobijarte en los recursos de tu fondo de pensiones. Vas a extender las manos a la gente que conoces y en la que confías.

Yo pienso en mi red personal como uno de mis activos más preciados, un fabuloso collar que gana más valor a medida que pasa el tiempo, como los collares para ir agregando perlas individuales que las niñas de mi vecindario recibían para el día de su Primera Comunión. Cada nuevo contacto es otra perla en ese collar, al cual espero continuar agregándole otras durante el resto de mis días.

Cimienta tus acciones de relaciones. Cultiva la confianza. Forja aliados poderosos. En las épocas buenas, y en las malas, esa gente hará que tu vida sea diferente.

INSTALA UNA RED DE SEGURIDAD

Los contactos aportan un fundamento sólido para ti y el mundo que estás creando. Y sin importar quién eres, no puedes prescindir de ellos.

Heidi G. Miller, a quien la revista *Fortune* seleccionó como la segunda empresaria más poderosa de Estados Unidos, se sentía tan sola como mujer en las altas esferas corporativas que organizó Women and Co. Esta conferencia de ejecutivas de alto rango, entre quienes figuraba Martha Stewart, se reunió en Palm Beach, Florida.

—Los hombres juegan al golf y negocian entre tanto —dijo la señora Miller—. ¡Bueno, pues nosotras nos hicimos tratamientos faciales y hablamos de finanzas!

Como mujeres, los contactos son algo natural para nosotras. Por lo general somos las que tejen las complejas madejas conectivas de la vida cotidiana.

Los hombres pueden abstenerse de preguntar direcciones, pero nosotras nos hallamos más que cómodas sacando el torso por la ventana del coche, compartiendo consejos y pericia sobre cualquier tipo de cosas, desde cómo montar un sitio Web hasta cómo encontrar una niñera.

El entablar contactos es un potente método para desarrollar relaciones, alentar nuevos vínculos y nutrir los antiguos. Es asimismo una excelente forma de incrementar tu visibilidad y de añadir a tu caudal de información.

¿Qué puedes esperar del tender redes? Mucho, según el *Wall Street Journal,* que informó que más del 90 por ciento de quienes buscan empleo aseguran que los contactos marcaron una diferencia enorme en sus exitosas búsquedas profesionales.

A través de los contactos una puede saltar al frente de la fila para conseguir ayuda con proyectos o recibir asesoría profesional. También puede obtener un vistazo anticipado sobre lo que verdaderamente es trabajar en un campo o en una organización. Y es asimismo una forma de ganar un entendimiento valioso sobre la capacitación y la aptitud necesarias para internarse en un nuevo campo.

Los contactos llegan en formas de todo tipo: comer con una antigua compañera de la universidad para indagar cuánto le agrada a ella ser propietaria de su propia empresa, platicar en una fiesta con una nueva conocida, que resulta tener el trabajo que tú siempre has querido, o reunirse con una ex compañera de trabajo para discutir qué está pasando en tu especialidad.

No seas renuente a entablar contacto con otras personas por temor de que estés pidiendo demasiado. A la mayoría de la gente le agrada ayudar.

Sólo recuerda que la red no funcionará a menos que tú también estés dando tu aporte. Si es que has de hacer una buena pesca, no puedes lograrlo si no compartes la carnada.

PROTÉGETE CONTRA EL RIESGO

En los momentos más difíciles de mi vida, los contactos han sido mi cabo salvavidas. Cuando he estado atascada y sin dinero, lo que me ha salvado ha sido el poder de la gente.

La primera vez que me percaté del poder de los contactos fue después de que se me pidió abandonar mi habitación en el dormitorio para internas de Wellesley College. Estaba bien consciente de que no había forma alguna de que yo me saliera, pero no estaba segura sobre cómo iba a presentar batalla.

¿Tendría que plantarme ahí, en la línea de fuego, por mí misma?

¿Tendría que enfrentarme a esta prestigiosa institución por cuenta propia?

Durante días anduve por ahí, como arrastrándome, herida y sintiéndome una víctima del ostracismo. De la noche a la mañana, mi sueño de un título universitario se había desvanecido en la nada.

Nunca antes me había sentido tanto como una total extraña. ¿Qué estaba haciendo yo ahí, asistiendo a una universidad donde estaba rodeada por las hijas de embajadores y de presidentes de países sudamericanos? ¿Por qué estaba yo tratando de amoldarme a esta élite perfumada, de deslumbrantes joyas de oro y altanero porte?

Así que fue un verdadero alivio cuando descubrí a otra chica puertorriqueña de la ciudad de Nueva York. No sólo había ella logrado un total casi perfecto en su Examen de Aptitud Estudiantil (SAT), sino que también se las había arreglado para graduarse con notas de sobresaliente en todas sus asignaturas de la preparatoria a la que había asistido con una beca.

Ella provenía de un ambiente todavía más precario que el mío: un apartamento de dos habitaciones en Hell's Kitchen*. Todos los miembros de su familia compartían el mismo dormitorio y ella se había visto obligada a yacer en su cama, despierta, escuchando las intimidades de sus padres detrás de la sábana que habían improvisado como cortina.

Un día, yo me encontraba en su habitación mientras ella desempacaba un viejo radio que había traído de Nueva York dentro de una bolsa de plástico.

Cuando sacó el aparato de la bolsa, cientos de cucarachas salieron corriendo por la parte trasera de la radio para desperdigarse por el piso.

—¡Vaya, mierda! —exclamó ella.

Yo estaba aterrorizada, por ella… y por mí misma.

Yo detestaba las cucarachas; de todas las cosas de las cuales yo quería escapar, esos insectos figuraban en el tope de la lista. Y sin embargo, aun en la escuela, a más de 600 kilómetros de casa, tal parecía que me habían seguido.

A mi amiga y yo ya nos consideraban parias nuestras empingorotadas condiscípulas. Todo lo que necesitábamos

---

* La cocina del diablo, uno de los distritos más peligrosos de Nueva York (nota del traductor).

para consolidar nuestra reputación era que una horda de cucarachas saliera pululando de su habitación.

—¡Anda, ayúdame! —gritó mi amiga.

Agarré un libro y me uní a ella con una furia letal.

Pero yo estaba desahogando mucho más que mi odio hacia las cucarachas. Estaba liberando toda mi ira y frustración.

Después de la gran masacre de las cucarachas, mi amiga y yo hicimos un poco de investigación y descubrimos un servicio gratuito de asesoría legal de la BLSA, la Asociación de Estudiantes de Derecho de Raza Negra, en la vecina Harvard.

El día en que ingresé a esa sala de estudiantes de derecho experimenté una sensación de camaradería jamás sentida desde que había salido de casa.

Aquí había estudiantes que sabían cómo se siente estar afuera, viendo hacia el interior, que habían experimentado el mismo demoledor rechazo a raíz de las ideas preconcebidas de alguien sobre lo que ellos eran.

Esa solidaridad fue algo que yo había dado por sentado allá, en la ciudad. Lejos de casa, comencé a apreciar una de las cosas buenas que yo poseía, no obstante mi pobreza: la sensación de comunidad que unía a nuestro vecindario.

No era en modo alguno que yo deseara volver a ese mundo, pero me prometí encontrar una forma de recrear, en mi futuro, esa sensación de estar conectada.

Después de que les relaté mi caso a los estudiantes de derecho, me proporcionaron la munición que yo necesitaba para afianzar una pica en Flandes y mantener mi posición.

—No te pueden obligar a salir de tu habitación —me dijeron.

—Sí, ¿pero luego qué pasa si me retiran mi beca?

—Si lo intentan, vuelve y te ayudaremos. Aférrate a tu posición.

Estos estudiantes de derecho no me pidieron dinero.

No esperaban nada a cambio de su asesoría.

Simplemente se extendieron a sí mismos al unirse a mi lucha, haciendo suyos mis problemas e inquietudes.

Cuando salí de ahí ese día, los sentí detrás mío como un sólido muro de respaldo. Saber que estaban ahí me dio el vigor en los próximos días, cuando se me trató con desprecio en los corredores y se me ofreció una fría pared de torsos abrigados en telas caras.

Esa afiliación fue para mí una fuente de vigor y disminuyó los riesgos a los que estuve expuesta en esos primeros días.

HAZ QUE CADA CENTAVO CUENTE

Al regresar por primera vez de Wellesley a casa, iba en busca de empleo, cualquier empleo. De la noche a la mañana, me había convertido en una desertora universitaria de 17 años, sin respaldo, dinero ni habilidades comercializables. En ese momento, por supuesto, no sabía la diferencia entre un trabajo que pagara salario mínimo y otro similar. Pero pronto aprendería cómo hacer que cada centavo contase.

Desde el pináculo de una beca completa en una de las universidades más prestigiosas del mundo, estaba rodando cuesta abajo. En lugar de vivir mis fantasías de una intoxicante vida de intelectual, me encontré haciendo cola en una oficina de bienestar social, solicitando que se me asignase un apartamento para personas de bajos ingresos.

Fue una declinación veloz y dolorosa, y eso me causaba dolor. Para empeorar aun más las cosas, tenía que encontrar un trabajo.

El problema era que yo no sabía hacer nada, aparte de leer y comer.

Me contrataron para mi primer trabajo genuino, como asistente en la pagaduría de la Universidad de Nueva York, nada más porque el jefe estaba borracho en el momento de entrevistarme. De haber estado sobrio, estoy segura de que se habría percatado de cuán miserablemente mal calificada estaba yo.

Mi tarea era la de mecanografiar los ocasionales cheques de planilla procesados a mano, pero era terrible para ello. Simplemente no podía conseguir que todos esos numeritos cupiesen en el minúsculo recuadro correspondiente a "cantidad pagada". Y no se me permitía usar líquido corrector.

Cada semana hacía un peregrinaje hacia el escritorio de mi supervisor con una pila de cheques estropeados, hasta que por fin acabaron con mis angustias y me despidieron.

Y así fue volver de nuevo a la oficina de servicios sociales en donde, al cabo de un tiempo, me ayudaron a conseguir un trabajo de oficina en el Departamento de Parques de Lyndhurst, Nueva Jersey.

Traté de mantener la vista en el premio de mi futuro. Barnard College destellaba en la distancia, la deslumbrante meta al tope de la colina. Como las heroínas en las historias de aventuras que había leído de niña, habría tenido que marchar a través de un amplio y solitario terreno antes de poder recuperar lo que había perdido: mi oportunidad de una educación en una universidad de primera clase.

Cada día, persistía en la brega. Cuando no estaba en clases en el centro universitario de la ciudad o sentada por algún lado con la cabeza metida en los libros de texto, estaba ante mi escritorio del Departamento de Parques de Lyndhurst moviendo polvorientos papeles de un lado a otro y contestando los teléfonos. Era una vida de emparedados de queso, de libros de segunda mano, de profundas ojeras y de ahorrar al máximo, hasta el último centavo.

En una tarde especialmente aburrida, el supervisor del Departamento de Obras Públicas entró a nuestra oficina.

—Necesitamos ayuda en nuestro departamento durante unos días. ¿Hay alguien interesado en una transferencia?

Me enderecé de un salto. El Departamento de Obras Públicas parecía mucho más interesante que el Departamento de Parques. Para empezar, estaba poblado por musculosos jóvenes, sobre los cuales había pasado soñando despierta varias semanas, mientras trabajaban bajo el ardiente sol, ante la ventana de mi oficina.

Después de sopesarlo durante tres segundos, alcé la mano.

—¡A mí me interesa! —dije.

Pero, un mes después, estaba sentada de nuevo sin ánimo ante otro escritorio, contando las horas que faltaban para irme a casa. Los jóvenes y sus músculos se habían ido a otra parte con sus trabajos, y los papeles en el Departamento de Obras Públicas eran tan polvorientos y las llamadas telefónicas tan anodinas como en el de parques.

Un día, una elegante señora entró a la oficina y se presentó como la recientemente elegida nueva comisionada del departamento. Todos los demás en nuestra oficina lucían agotados y descontentos. Pero esta mujer, con su vestido a la última y zapatos de cabritilla, parecía entusiasmada y llena de vida.

—Necesito a alguien que me organice mis expedientes y documentos. ¿Te gustaría ayudarme? —me preguntó.

En esta oportunidad, no necesité ni siquiera de tres segundos para saber qué responder.

Estaba estudiando ciencias políticas en Hunter College, un centro universitario urbano, pero nada de lo que estaba aprendiendo tenía relevancia alguna con la vida que llevaba en ese momento como asistente de oficina de bajo nivel. El nuevo cargo me daría la oportunidad de saltar de lo polvoriento y teórico hacia el mundo real. Aun en un lugar pequeño como el Departamento de Obras Públicas de Lyndhurst, Nueva Jersey, había elecciones que ganar, gente que administrar y fondos por los cuales luchar.

Por fin iba a estar involucrada en algo "de verdad".

La comisionada me extendió su mano, y yo hice lo propio. No tenía ni idea de cuántos contactos tenía esta mujer con el mundo exterior o cuánto cambiaría mi vida futura por mi asociación con ella.

Yo sólo sabía que estaba anhelando extender mis alas y que ella estaba dispuesta a darme esa oportunidad.

Todo lo que llegaba a la atención de la comisionada tenía que pasar primero por mi escritorio, y yo lo absorbí todo: las solicitudes de subvenciones estatales, las formas de asignar el financiamiento de programas en el presupuesto, la revisión de ofertas para proyectos de construcción, la asignación de recursos escasos y cómo mantener satisfechos a los votantes.

Bajo su tutela, aprendí la manera de integrar coaliciones y la diferencia que supone tener un gran líder. También aprendí que el valor de cada dólar devengado no es igual. Los 4,89 dólares por hora que yo ganaba trabajando para ella eran más valiosos que los 4,89 dólares por hora que yo podría haber ganado en otro lugar.

¿Por qué? Porque recibí, además de mi cheque de paga, un modelo, una gran maestra y la oportunidad de descubrir cuáles eran mis puntos fuertes.

El pago que te llevas a casa no es sólo tu salario. Es tu salario más lo que aprendes. A partir de esa experiencia hasta el presente, nunca he trabajado en un sitio o con alguien si el "aprendizaje" no supera la "ganancia". Incluso hoy día, cuando tengo que decidir si emprender un nuevo proyecto o comenzar un plan nuevo, un factor decisivo es cómo respondo a esta prgunta: ¿cuántas oportunidades voy a tener para ampliar y fortalecer mi portafolio?

INVIERTE CON REGULARIDAD

Invertir incluye darte a ti misma *y* darles a otros, sobre todo cuando crees que no queda nada extra. Tú nunca sabes de dónde provendrán los mayores rendimientos.

Mientras trabajaba para el Departamento de Parques de Lyndhurst, vivía en un modesto apartamento de Passaic, Nueva Jersey. Era un sitio deprimente, con lúgubres corredores y ratones en las paredes. Pero lo peor de todo era la falta de calefacción.

En mitad de enero, los radiadores se congelaban, y por las tuberías no circulaba más que agua próxima al punto de congelación.

El edificio estaba repleto de ancianos que, cada vez que esto sucedía, salían a deambular por los pasillos, envueltos en frazadas.

—¿Qué pasa? ¿Por qué no hay calefacción? —preguntaban, como si fuera la primera vez que eso sucediese.

No había calefacción alguna porque el propietario del edificio, un funcionario municipal, era un opresor de los inquilinos. Él sabía que las personas ancianas no alzaban la voz.

Pero él no sabía nada de mí.

Puede que yo no haya tenido experiencia alguna como organizadora, pero también era la hija de mis padres.

Tenía el recuerdo de mi madre, inclinada sobre un caldero en la cocina de la iglesia, partiendo alas de pollo para hacer un caldo para hambrientos drogadictos. Tenía la imagen de mi padre, uniéndose junto a otros ministros para protestar por salvajismo policial en nuestro vecindario.

Me había pasado la niñez observando a mis padres librar una batalla cuesta arriba en contra de la pobreza y de la injusticia. Puede que ellos no hubiesen tenido los recursos para cambiar al mundo entero, pero sí habían tratado de mejorar su pequeño rincón de ese mundo. A causa de ellos, los estómagos de María Rodríguez y sus cuatro hijos estaban repletos. A raíz de la intervención de mi padre, Sammy Chávez y Billy Porter pudieron ingresar en una clínica para rehabilitación de drogadictos, en lugar de que sus vidas acabasen en la calle.

Así que cuando yo miraba en el pasillo a todos esos ancianos arropándose con sus bufandas y frazadas, la influencia Rosado se alzó en mi interior. Sin darme cuenta de lo que estaba haciendo, comencé a seguir el ejemplo de mis padres.

Coloqué un aviso en el que invitaba a los demás residentes a una reunión en mi apartamento, a fin de discutir la formación de una asociación de inquilinos.

No esperaba una respuesta apreciable, pero cuando llegué a casa de mi trabajo, el pasillo frente a mi apartamento estaba repleto con gente entusiasmada: ancianas con bastones y viudos apoyándose en andaderas.

La respuesta fue tan impresionante que a duras penas pude acomodarlos a todos en mis gélidas habitaciones. Pero esa fue una velada en la que la falta de calefacción no importaba. El calor lo recibíamos como resultado de nuestro entusiasmo.

Mis vecinos se pusieron ansiosos por incorporarse a una huelga de no pago de alquileres para obligar al propietario a suministrar los servicios por los que ellos ya estaban pagando con sus míseros cheques de la Seguridad Social.

De pie ahí, observarlos firmar sus nombres y donar sus escasos dólares sobrantes fue un momento de gran inspiración para mí.

A raíz de los esfuerzos del grupo, pudimos conseguir, a través de la Organización de Inquilinos de Nueva Jersey, un abogado que trabajase sin honorarios. Y luego resultó que la esposa de este abogado era la vicepresidenta de la compañía fabricante de sombrillas y bolsos de mano en donde, al cabo del tiempo, conseguí mi primer buen empleo en mercadeo.

Así que mi conexión hacia los negocios fue un resultado de haber organizado esa reunión de inquilinos en una amargamente fría noche de invierno en mi apartamento de Passaic. Pero en ese entonces yo no lo sabía.

Lo que pasa con esto de los contactos es que usualmente no te das cuenta de que estás tejiendo una red en el momento preciso en que lo estás haciendo. Una solamente ve el intricado patrón en retrospectiva.

Lo que importa es que una siga avanzando hacia adelante, buscando contactos, tejiendo las conexiones.

REVISA TU PORTAFOLIO

Crear un portafolio de oportunidades ganador es un proceso en marcha, un hábito que se cultiva a lo largo de la vida.

Una no puede planear su jubilación con una sola inversión hecha a los 20 años. Es necesario renovar tus propiedades, diversificarlas y actualizarlas, de la misma manera en que se hace con tus contactos personales.

Yo no quiero que llegue el día en que no tenga juego alguno en el que participar, nadie a quien llamar, ninguna travesura que concebir. Así que siempre me estoy preguntando:

¿Qué oportunidades tengo? ¿Son suficientes?
¿Qué oportunidades necesitan mejorarse? ¿Dónde puedo aprender la forma de mejorarlas?
¿Qué jugadores necesito como parte de mi equipo? ¿Cómo logro acceso a ellos?

Parte de la creación de tu portafolio es hacer conexiones de manera estratégica, ubicar a los miembros que necesitas para tu equipo y colocarte en su mismo terreno. Una vez que llegues ahí, no te sientes al margen. Entra a la cancha y haz que pasen las cosas.

ESPERA UNA BUENA RACHA

Mientras estás ahí haciendo que sucedan las cosas, acuérdate de que no todo está bajo tu control. Pero tal como me enteré una fría noche de invierno en Washington, D.C., si te mantienes a la expectativa de los giros y vueltas del universo, puede que justo a la vuelta de la próxima esquina te esté acechando una bonanza inesperada.

Sola en mi habitación del Hotel Willard, podía justo alcanzar a ver la Casa Blanca por la esquina de mi ventana.

Allí afuera estaba el helado capitolio, pero yo estaba más que acerrojada adentro, tanto por entusiasmo como por miedo.

Había aceptado una invitación para asistir a un banquete de recaudación de fondos de la Coalición Nacional Puertorriqueña porque una amiga y mentora había sugerido que era necesario que yo estuviese ahí.

Era bien posible que yo habría de estar sentada sola sin compañía alguna durante toda la noche, en un apartado rincón, como si fuese una maceta. Pero yo había estado trabajando sobre la forma de constituirme en una voz en pro de las oportunidades económicas para las mujeres, y esta actividad de la coalición era un buen sitio para hacer contactos cruciales. Además, el artista invitado para la velada era Marc Anthony, y a mí me encaaaanta Marc Anthony. En el peor de los casos, tendría la oportunidad de escuchar a uno de los mejores cantantes de nuestra época, en vivo y a sólo unos metros de distancia.

Después de una buena cantidad de fijador para cabello y de un viaje en taxi, estaba frente a la entrada al salón de banquetes, presentando mi invitación a la puerta.

Ahora, tenía que hacer algo.

No podía dirigirme al baño para señoras y dejar que pasara el tiempo, encerrada en uno de los inodoros, hasta que llegase la hora de sentarse para la cena. Tenía que darme un empujón a mí misma para lanzarme a esa sala en busca de contactos.

Busqué a alguien que luciera amistoso e interesante. A mi derecha estaba una mujer de mediana edad, quien a su vez lucía un poco fuera de lugar.

—Hola. Yo soy Deb Rosado Shaw. ¿Qué la trajo a usted por aquí?

—Precisamente me estaba haciendo a mí misma esa pregunta —respondió—. Mi hijo contrajo sarampión, y me estoy sintiendo culpable por no haberme quedado en casa.

Ajá, otra madre de familia.

—Sí, sé como es eso. Yo tengo tres en casa.

—¡Tres! —dijo, riéndose—. Usted *sí* sabe de lo que hablo.

Y la tensión se desvaneció como por arte de magia.

Esta mujer era también una empresaria, y de inmediato se estableció entre nosotras una excelente armonía. En cosa de 10 minutos me enteré de que era propietaria de una firma de relaciones públicas, era graduada de la Universidad de Yale, y vivía a sólo 30 minutos de mi casa, en Nueva Jersey. Anoté su número de teléfono para una amiga mía que necesitaba ayuda para lanzar una nueva línea de productos, y ella anotó, a su vez, mi dirección de e-mail, de manera que pudiese enviarme el título de un libro que a mí me interesaba leer. Otras personas se nos unieron y continuamos charlando hasta que llegó el momento de sentarnos a comer.

Cuando me dirigía hacia una mesa, escuché a alguien llamarme.

—¡Deborah!

Dí la vuelta para encontrarme con un colega al que no había visto en más de 12 años.

—¿Qué estás haciendo aquí? —le pregunté, dándole un abrazo.

—Ahora trabajo para los Institutos Nacionales de Salud. Ven, siéntate a mi mesa.

Lo seguí hacia una mesa que resultó estar ocupada por varias fabulosas personalidades.

Durante la comida, mi amigo me presentó a la ex Directora General de Sanidad de Estados Unidos, la doctora Antonia Novello; la gerente de relaciones para la estación NBCA, Anna Carbonell; y la jefa de la Oficina para Asuntos de la Mujer en el Departamento del Trabajo, Ida Castro.

Casi sin esfuerzo, los nexos comenzaron a darse. Había una mujer cuya hija deseaba asistir a Barnard College, de manera que le di el número de teléfono de una amiga en la oficina de admisión de estudiantes. Un hombre, a mi izquierda, era proveedor de algunos de mis consumidores detallistas, y me facilitó el nombre de alguien que podía ayudarme a resolver un problema que se me había planteado.

Para cuando regresé a mi hotel, esa noche, con dolor en los pies y un bolso de mano repleto de tarjetas de presentación, había reconectado con un antiguo amigo y conocido a algunas nuevas y maravillosas personas.

Una vez de regreso en casa, envié notitas de seguimiento y paquetes de prensa en los casos apropiados.

Unos cuantos meses después, NBCA llamó para saber si me interesaba filmar un anuncio de servicio público con motivo de las celebraciones del Mes de la Historia de la Mujer.

Ese mensaje fue divulgado con frecuencia a lo largo del mes y provocó nuevas entrevistas con CNN, emisoras de radio y revistas.

No puedes planear o predecir totalmente ese tipo de resultados. Pero *sí puedes* ubicarte en el sitio adecuado. *Puedes* ser abierta y receptiva. *Puedes* aceptar la buena racha provocada por un universo que está conspirando para ayudarte.

Pero *no puedes* apoltronarte en el sofá, con los pies sobre la mesa, y esperar que esa buena racha llegue a tus manos.

ENCUENTRA GRANDES VALORES

Mira más allá de lo que obviamente está frente a ti. Después de trabajar 40 horas a la semana, mi tía traía consigo pilas de retazos de tela y trabajaba en la máquina de coser hasta bien entrada la noche. Cuando la visitaba, me encantaba sentarme a jugar con esos retazos; los que más me deleitaban eran los de terciopelo y de satín. Mi tía y mi abuela cosían y chismeaban durante la noche entera, empatando las historias que habían escuchado durante el día, de la misma forma en que unían la tela.

Ellas sabía cómo "arreglárselas" con lo que tenían. Yo podía ir a darme un baño en la segunda planta, y para cuando volvía a la planta baja, los retazos se habrían transformado en un vestido.

De ellas aprendí el arte de zurcir alianzas al parecer imposibles y de congregar componentes que podrían no haber sido obviamente compatibles. Esta concienciación y forma de pensar sobre las cosas y de verlas, me ha ayudado a hacerme de un conocimiento invaluable.

Escucha a la gente que luce como fuente poco probable de sabiduría e indaga en sitios inusitados. He aprendido muchísimo al hacer cola para comprar una taza de café o preguntando a los empleados de servicio de un lugar qué piensan ellos de su jefe.

En cierta ocasión, estaba tratando de decidir si extender crédito a un gigante detallista que estaba en una situación tambaleante. Mi personal de contabilidad efectuó su acostumbrada y exhaustiva revisión y nuestra oficina de análisis de crédito recomendó seguir adelante, con cautela. Se trataba de un cliente de hacía mucho tiempo, y yo no estaba segura de qué hacer.

En mi siguiente visita al detallista, estaba en el baño para mujeres en el momento en que unas cuantas jóvenes también estaban ahí, pintándose las uñas. Primera señal de problemas. Pregunté si podía pedir prestado un poco de esmalte para uñas a fin de reparar una rotura en la media. Y mientras me refrescaba el maquillaje y trataba de evitar que se me corriese la media, escuché información que me llevó a alejarme de esa empresa.

Tres meses después, el detallista se declaró en insolvencia de pagos. De haber seguido adelante, bien podríamos haber perdido más de medio millón de dólares.

Para que los contactos sean eficientes, extiéndete lo más que puedas. Y espera encontrar un valor enorme en fuentes que lucen improbables.

LO ESENCIAL PARA CONOCER A OTROS

Nada hay de nuevo bajo el sol cuando se trata de hacer contactos y conocer gente.

El tradicional consejo para ganar amigos e influir sobre la gente que funcionó para nuestros padres y nuestros tíos sigue teniendo hoy la misma vigencia.

Antes de emprender la marcha, decide:

¿Cuál es mi objetivo?

¿A quién debo conocer para lograrlo?

¿Dónde encontraré a esta persona?

¿Qué valor aportaré yo a esta relación?

Hasta los contactos más informales —en fiestas y otras ocasiones sociales, por ejemplo— requieren de algunos preparativos básicos.

Si estás asistiendo a un evento:

- Llega temprano.
- Familiarízate con la disposición del lugar.
- Consigue la nómina de invitados.
- Haz una lista de las personas a las que te propones conocer.
- Circula por la sala, sosteniendo muchas conversaciones breves.
- Seguimiento, seguimiento, seguimiento.
- Alimenta ese contacto.

Y no esperes que alguien te extienda la alfombra roja. Si eres la recién llegada al vecindario, espera pagar el precio por los ritos de iniciación y demostrar tu valía.

CÓMO AÑADIR VALOR Y REDUCIR EL RIESGO

Vive conforme a tus medios

Tú sabes de qué estoy hablando aquí. No dejes que tu estilo de vida aprisione en rehenes a esas cosas que verdaderamente te importan. Yo he pagado por la libertad de la que ahora disfruto al haber gastado siempre menos de lo que podía pagar, porque cimentar la riqueza no tiene que ver con cúanto gastas; tiene que ver con cúanto conservas.

Piensa con seriedad sobre tu propio estilo de vida. ¿Te has excedido en tu presupuesto? ¿Estás ahorrando e invirtiendo para el mañana? ¿O sigues todavía tratando de estirar el cheque de sueldo del mes pasado? La filosofía en boga dice: "¡Puedes tenerlo todo! ¡Ahora mismo!". Pero la libertad se encuentra en la disciplina. Piensa en formas prácticas de gastar menos... aun cuando puedes darte el lujo de gastar más.

Conecta los puntos

No importa quién seas tú o cuál sea tu situación, conéctate. Desde el ser madre de familia hasta el cimentar tu carrera o tu negocio, es bien probable que haya algún tipo de grupo local de contactos o apoyo diseñado para tus necesidades específicas. El *Women's Venture Fund* (Fondo Empresarial para Mujeres) te prestará hasta un mínimo de 400 dólares para fundar una empresa; la *Women's Alliance* (Alianza de Mujeres) ayuda a mujeres de bajos ingresos a obtener vestuario profesional y capacitación en habilidades profesionales; y el *Committee of 200* (Comité de las 200) es una organización de prominentes empresarias, a la que sólo se ingresa por invitación, que promueve el liderazgo corporativo.

Ve a la Internet y comienza a investigar sitios Web en tu localidad o investiga en los boletines de la biblioteca o del centro comunitario de tu distrito. Si no puedes encontrar un grupo que responda a tus necesidades, sopesa la posibilidad de fundar uno.

Algunos grupos que he encontrado que son valiosos son la *National Association of Women Business Owners* (NAWBO, Asociación Nacional de Propietarias de Empresas), la *Women Presidents Organization* (WPO, Organización de Mujeres Presidentas), la *U.S. Hispanic Chamber of Commerce* (USHCC, Cámara de Comercio Hispana de Estados

Unidos) y la *Business Women's Network* (BWN, Red de Mujeres Empresarias). Pero las necesidades de cada persona son únicas. ¿Cuáles son las tuyas?

Invierte responsablemente

Haz tus investigaciones, pero, por lo que más quieras, no seas "simpática". Asegúrate de que estás siguiendo el rumbo correcto, leyendo los libros adecuados, poniéndote en contacto con las personas apropiadas. Si te estás conectando con fines empresariales y el grupo u organización al que te has unido no tiene disciplina alguna o se desvía hacia reuniones en que nada más se socializa, vete de ahí.

Aquí no estamos hablando del concurso de Miss Simpatía. Se trata de vivir tus sueños. Sé consciente cuando se trata de decidir en dónde invertir en ti misma.

Guárdalo todo

Almacena esos mensajes persistentes, esos pensamientos e ideas que te llegan en momentos inesperados de callada creatividad. Esos tesoros del inconsciente son valiosos; sin embargo, muchas de nosotras las desechamos. Guarda en tu bolso de mano y sobre tu mesa de noche una libreta de notas, de manera que puedas registrar tus ideas. Algunas de mis mejores ideas se me han ocurrido justo en el momento cuando he estado a punto de dormirme; es entonces cuando estás más próxima a tu subconsciente y menos en guardia. No emitas juicio alguno sobre estos pensamientos, limítate a anotarlos. No seguirán ahí hasta la mañana siguiente. Para cuando te despiertes, se habrán marchado.

Cimienta confianza

En un mundo impredecible y turbulento, si puedes ser una persona en cuya palabra pueda contarse, eso incrementará tu valía de manera inconmensurable.

Hace algún tiempo, un alto ejecutivo de mercadeo en Sam's Club, que había sido uno de los abanderados de mi compañía, me invitó a su oficina para que charláramos. Juntos, revisamos los productos y los precios que mi firma estaba ofreciendo a Sam's. Me dio algunos consejos y compartió conmigo una valiosa lección que jamás he olvidado.

Me dijo: "Deborah, promete menos y entrega más". Y aunque sé que estábamos hablando de mercadería, he ampliado esa noción a todo lo largo y ancho de mi vida.

Soy muy rigurosa sobre las promesas que hago. Practico morderme la lengua para no ofrecer compromisos descuidadamente... una práctica que, desafortunadamente, es común. *Almorcemos juntos. Te llamaré la semana próxima. Por supuesto que ayudaré.*

La confianza no se compra en la tienda de la esquina. La confianza se establece con el tiempo y debe renovarse continuamente. Cuídala con tu propia vida.

Asume algo de deuda

Si vas a hacer de tus sueños una realidad, *tendrás* que asumir algo de deuda. Yo debo tanto a otra gente, en particular a aquellos que creyeron en mí cuando yo escasamente creía en mí misma, que algunas de esas deudas jamás serán saldadas.

Acuérdate que cuando pides ayuda a otros o cuando ellos te la extienden por voluntad propia y tú la aceptas, les capacitas para dar. Ellos no pueden hacer un aporte si tú no lo pides o no lo aceptas.

Genera pagarés

Honra a la gente que ha invertido en ti y los obsequios que te han dado, transfiriéndolos a otros. Genera tus propios pagarés, pero no por el prurito de obtener algo a cambio. Hazlo para que alguien más esté ahora en la posición de transferir tus obsequios.

DOS SELECCIONES
DE ALTO RENDIMIENTO

Crea una ventaja injusta

Esto puede ser tan valioso como figurar en esa lista de familiares y amistades que consiguieron comprar acciones en AOL.com al precio que obtuvo el que primero consiguió la información. En mi caso, la ventaja que yo tengo es que soy una mujer en una industria propulsada por la testosterona. En una arena distinta, sería menos de una novedad y habría tenido que trabajar de manera diferente para conseguir que se me notara.

Hace poco se me preguntó cómo *lidio* con el hecho de estar en la minoría. Respondí: "No lo hago, ellos tienen que lidiar conmigo. Cuando llego a su campo, haciendo solicitudes, presentando ofertas, es a ellos a los que les está pasando algo nuevo. Yo me encuentro totalmente cómoda con ser la única mujer en una reunión o en la mesa principal o en una actividad de la industria".

La ventaja proviene de entender que hacer lo que yo hago, vistiendo una falda, a menudo quiere decir tener que ser mejor y jugar de manera más ingeniosa. Enojarse no es eficiente. La clave es hacer de un alto nivel de excelencia tu procedimiento operativo estándar, no porque tienes que hacerlo sino porque, a largo plazo, sirve a tu causa.

Fertiliza tu cerebro

El motivo por el cual puedo tratar de tú a tú con algunos de los líderes empresariales más respetados del mundo es que me dedico a la tarea de leer, leer y leer. Yo no podría aprenderlo todo dos días antes de una reunión. No puedes ingerir vitaminas durante una semana y estar saludable. El aprendizaje es una actividad vitalicia.

Eso no quiere decir volver a la escuela. En estos días, puedes seguir cursos en la Internet o aprender una nueva habilidad mediante un CD-ROM. Hay seminarios de capacitación los fines de semana, instructores personales y programas de capacitación para obtener un certificado que pueden satisfacer objetivos específicos.

Fertilizar tu cerebro te hace mantenerte joven y con vitalidad. Así que mantente a la expectativa de métodos para expandir tus habilidades y para ampliar tu capacidad de llegar a otros. Sustituye las cosas juiciosas por aquellas irreflexivas. La próxima vez que te encuentres sentada, con los ojos vidriosos, ante la televisión, apágala y abre, en cambio, un libro.

EL CUADRO GENERAL

El tiempo es tu único activo no renovable. Cuentas con algo ahora, pero no sabes con cuánto más podrás contar. Y una vez que lo gastas, se ha ido.

No permitas que otros o tú misma le falten el respeto a este preciado don. Cada vez que dices mañana y postergas algo, la que sale perdiendo eres tú.

Recientemente, mi vecina Karen* fue a recoger a su hijo a un partido de baloncesto, y llevó con ella a su hija. Su amiga le preguntó:

—¿Podrías recoger también a Jake?

Con tres niños que practican deportes, tocan en bandas y están involucrados en todo tipo de actividades, yo misma he hecho esa petición en cientos de ocasiones. Pero esta vez fue distinto.

Cuando regresaba a casa con sus dos hijos y el hijo de su amiga, un venado se atravesó en la carretera. Karen perdió el control del vehículo y se estrelló en un árbol. Ella y el hijo de su amiga murieron.

La vida es impredecible, pero nosotros podemos elegir la forma en que la viviremos. Esta tragedia, tan próxima a mí, me ha llevado a aprovechar al máximo los momentos cotidianos, a estar en verdad presente en cada experiencia, cada encuentro.

El tipo que acaba de llenar el tanque de tu auto podría muy bien ser el último ser humano con el que hables. O tú podrías ser el último para él. Nunca se sabe…

---

* No son sus nombres verdaderos.

ALERTA DE CRISIS DE PORTAFOLIO

Invertir requiere hacer evaluaciones periódicas de dónde te encuentras. Cuida celosamente la salud de tu portafolio. Mantente en alerta constante para captar indicios de cualquier problema en ciernes o de que el estancamiento podría estar afirmándose.

Si, en el curso de esas autoevaluaciones periódicas, experimentas alguno de los siguientes síntomas, toma de inmediato las medidas correctivas:

◆ Tus llamadas no son correspondidas prontamente.

◆ No puedes acordarte de la última vez en que alguien te pidió ser miembro de una directiva o de que te ofrecieses de voluntaria para una actividad.

◆ Ningún buscatalentos te ha llamado últimamente.

◆ No has tomado una clase o seguido un curso o seminario en los últimos 12 meses.

◆ Te encuentras en una emergencia y no tienes a nadie a quien llamar para pedir ayuda.

◆ No has agregado ningún contacto nuevo a tu Rolodex en los últimos 90 días.

◆ No tienes en la actualidad tres personas a quienes puedas llamar ahora mismo que te dieran una recomendación excelente.

◆ En los últimos 12 meses has leído menos de tres libros para cimentar tus habilidades.

◆ Nadie te debe un favor.

Capítulo 9

Lánzate

"Y llegó el día en el cual el riesgo de seguir cobijada en un capullo fue más doloroso que el riesgo que tomó florecer".

— ANAÏS NIN

Zambuirnos en aguas ignotas. Desafiarnos a nosotras mismas. Tomar riesgos. Reinventar quiénes somos. ¿A quién le queda tiempo —para no decir inclinación— para este tipo de cosas? ¿Acaso los desafíos no son para gente como Amelia Earhart o para adolescentes sin ninguna responsabilidad, con tiempo de sobra?

Lamento ser quien te dé la mala noticia.

También es *para ti*.

Sin importar qué decisiones confrontes —cuándo (o si) tener niños, cuál empleo escoger, a qué tratamiento médico someterte, si cambiar de carrera o vender tu empresa— no puedes darte el lujo de operar en piloto automático.

El diseñar activamente tu propia senda requiere de autoconfianza, flexibilidad, resistencia y tomar riesgos. Y aunque esto podría sonar intimidante, es también un don de la vida.

La opción es un privilegio que con frecuencia se sienta pacientemente, en espera de que se la ejercite. Pero a veces acontecimientos sobre los cuales no tenemos control alguno nos empujan hacia la toma de una decisión.

Mary Bono jamás se habría convertido en miembro de la Cámara de Representantes del Congreso de Estados Unidos si Sonny Bono no hubiese muerto en un accidente de esquiaje. Carolyn McCarthy podría no haber ingresado en la política o no haberse constituido en una abanderada del movimiento contra la portación ilícita de armas de fuego, si no hubiese perdido a su esposo cuando un hombre llevó a cabo una matanza en un tren atestado de empleados que regresaban a sus casas, en Nueva York.

Saber cuáles riesgos tomar y cuándo tomarlos es algo que sólo puede provenir de ti. El desafío es que tú te extiendas *voluntariamente,* antes de que te veas obligada a hacerlo.

HAZ LO QUE ES NATURAL

La misma naturaleza de una mujer la obliga a ser fluida y capaz de manejar el cambio. Las mujeres están siempre en el proceso de autocreación. Transformadas por el embarazo y por el ciclo de feminidad, vamos de proveedoras de cuidado a jefas a madres en un abrir y cerrar de ojos.

El desafío es utilizar esa fluidez en tu propio beneficio, para mantenerte flexible de manera tal que puedas aprovecharte de un mundo rebosante de oportunidades.

Mira a tu alrededor y verás a mujeres lanzándose en todo tipo de rumbos innovadores y pioneros. Los pasatiempos se están convirtiendo en carreras; actividades antes consideradas como diversión se están volviendo empleos renumerados. Técnicas de laboratorio se están volviendo psicólogas, y agentes de viaje se están volviendo empresarias de firmas puntocom, en la medida en la que la gente danza de una ocupación hacia otra.

Con mayor longevidad y horizontes más amplios, nuestras vidas pueden abarcar ahora una variedad de actividades ... *si* es que así lo decidimos.

Pregúntate, ¿cuándo fue la última vez que en realidad te situaste en la línea de avanzada o te aventuraste a lo largo de una senda sin que estuvieras segura de que no habrías de hundirte? ¿Cuándo fue que tu corazón latió fuertemente por otro motivo adicional que el de ejercitarte en el gimnasio?

Para algunas de nosotras, han pasado años. Nos hemos acomodado en nuestras rutinas, y raramente llegamos a sudar.

¿Qué hay de malo con eso? Nada. Siempre que sepas esto: si no eres tú quien está tomando las decisiones, alguien más las está tomando por ti.

PRUEBA LAS AGUAS

"Lánzate" no quiere decir, necesariamente, que te zambullas de cabeza hacia lo más profundo de la piscina sin siquiera verificar antes que hay agua en ella. Muy al contrario. De la misma forma en que lo harías cuando primero pruebas con los dedos de los pies la temperatura del agua en la bañera, prueba y prueba de nuevo, hasta que sientas que es el momento adecuado para que te sumerjas por completo.

Cuando una profesora del Instituto Tecnológico de Massachusetts (MIT), Nancy Hopkins, sospechó que estaba siendo objeto de una discriminación sistematizada, puso a prueba, cautelosamente, sus presunciones. Con un doctorado en biología de la Universidad de Harvard, la doctora Hopkins había conseguido una cátedra vitalicia en MIT a la corta edad de 35 años, pero desde el principio las cosas no se sintieron precisamente bien.

Ella siempre sintió que tenía que batallar por lo que necesitaba.

En un momento determinado, a Hopkins se le denegó su solicitud de agregar personal a su grupo de 20 investigadores, aun cuando la mayoría de catedráticos hombres tenía, en promedio, grupos de 23.

Luego, puso de nuevo a prueba las aguas, esta vez dedicando "un año agotador a suplicar a sus superiores la asignación de 200 pies cuadrados adicionales de espacio para laboratorio, sólo para descubrir que colegas de menor antigüedad que la suya, muchos de ellos hombres, ya tenían más espacio que el de ella".

¿Había ahí un patrón?

Se planteó a sí misma esa interrogante hasta 1994. Hopkins, que tenía entonces 57 años, y uno de sus colegas hombres estaban enseñando un curso de biología que ella había diseñado. Cuando su colega le informó que él y otro catedrático iban a escribir un libro con base en el material que Hopkins había creado para su curso, sus sospechas se confirmaron.

Pero no fue sino hasta que una mujer que lavaba los instrumentos en su laboratorio se volvió a Hopkins y dijo: "¿Cómo es que estos hombres tienen tanto y usted tiene tan poco?", que ella se vio impulsada a lanzarse.

NUNCA TE LANCES A CIEGAS

Cada acción necesita ser un paso mesurado, no un salto a ciegas. A menos que seas una clavadista olímpica ganadora de medalla de oro como Laura Wilkinson, lanzarte desde una plataforma de tres pisos de altura podría matarte.

Yo no sé nadar. Así que, para mí, arrojarme hacia lo profundo de la piscina podría ser suicida. Justo ahora, "lanzarme" quiere decir estar en la clase de natación de la YMCA junto a un puñado de infantes de cuatro años.

Investiga. Sé brutalmente honesta contigo misma. Evalúa los riesgos, luego decide qué es lo apropiado para ti.

Tras su alborada mental, la doctora Hopkins decidió escribir una carta al presidente del MIT.

¿Estaba ella arriesgando su trabajo y, quizá, su reputación? Por supuesto. Pero ella tenía una cátedra vitalicia y era una de las científicas más competentes del país. Sabía que podría recuperarse.

Hopkins declaró luego a la revista *Fast Company* que, como una de las verificaciones definitivas para su decisión, "mostró la carta a su colega femenina más apreciada". Para sorpresa suya, esa colega no sólo pensó que eso era lo que había que hacer, sino que también se ofreció a cosuscribir la carta y a acompañarla cuando se reuniera con el presidente.

"De las 17 mujeres con cátedra vitalicia en el Departamento de Ciencias de la universidad, 16 suscribieron el reclamo de Hopkins", reportó *Fast Company*.

Con el respaldo del presidente de MIT, Charles Vest, la universidad escuchó, investigó los reclamos y "ha solucionado las disparidades en salario y espacio".

Lo que comenzó como la cruzada de una mujer hizo estallar un movimiento nacional. En la actualidad, las mujeres en departamentos de ciencias a lo largo y ancho del país están exigiendo que se les dé la oportunidad plena para poner a trabajar sus talentos y dones.

Al probar las aguas cautelosamente, midiendo sus pasos y sin lanzarse a ciegas, la doctora Hopkins ha ayudado a expandir el fondo común de talento que genera adelantos científicos.

GRANDES SALTOS

¿Sabías que en 1901 Anna Edison Taylor, una maestra de Michigan, se convirtió en la primera persona —y la única mujer— en sobrevivir tras lanzarse dentro de un barril por las cataratas del Niágara? Ahora bien, yo no soy ninguna intrépida. Sólo el imaginarme ese viajecito me causa náuseas, pero hasta yo tengo que admitir que hay momentos en que los grandes saltos tienen sentido.

La revolución de la Internet ha contribuido a hacer esto posible. Mientras pasamos de una era industrial a una era de información, el mundo gira con tanta rapidez que sólo la fuerza de gravedad nos mantiene en la Tierra. Cada vez más, tenemos que adaptarnos a un mundo en el que las viejas reglas ya no se aplican.

Mira la diferencia que la tecnología ha hecho para dos mujeres tan distintas como Phyllis Street y Heidi Miller.

Street, viuda de un minero del carbón de los Montes Apalaches, se zambulló hace poco de cabeza en la economía global. Experta en bordado de colchas típicas, dejó su casa en los extensos Apalaches de Virginia para viajar a Londres, en donde sus colchas eran una de las exhibiciones estelares en la Exposición Casa Ideal, la muestra más selecta de artesanías de Europa. Street, una abuela que se había dedicado a la fabricación de colchas bordadas por cuestión de supervivencia, vende ahora cada una de sus exclusivas artesanías por 1.000 dólares o más.

Utilizando la Internet, planificadores en los Apalaches comercializan a Street y a otros artesanos en exposiciones internacionales en derredor del mundo. De súbito, industrias caseras como el bordado de colchas se están convirtiendo en parte de una creciente economía de exportación.

A pesar de lo resguardado que ha sido su entorno, Street está dando una total acogida a esta aventura, que honra a su región natal tanto como a sus tradicionales técnicas de bordado de colchas.

Es un salto enorme desde Honaker, Virginia, hacia Londres, Inglaterra, pero Street estaba ansiosa de darlo. Su vuelo a Londres fue el primero en avión que había realizado en toda su vida.

Heidi Miller dio el salto desde su percha como Ejecutiva Financiera Jefa (CFO) para Citigroup, un consorcio con ingresos anuales de US$60.000 millones, para asumir un cargo similar en una arriesgada avenura de Internet, Priceline.com.

Nacida en Nueva York y poseedora de un doctorado en historia latinoamericana de la Universidad de Yale, Miller no es la típica CFO; ella es una personalidad compulsiva y extremadamente competente que se mantuvo trabajando a lo largo de sus dos embarazos.

"Es algo sumamente poderoso entrar en esas reuniones con un vientre de embarazo", comentó ella. "Los hombres estaban tan nerviosos de que se me reventara ahí mismo la fuente, que yo podía entonces apresurarlos para que se hicieran las cosas".

¿Por qué se lanzó de esa manera? Porque Priceline le ofreció "un asiento a la mesa". Y aunque al final de cuentas esa decisión resultó ser de corta duración, ella no podía dejar pasar la oportunidad de administrar una empresa, una oportunidad que podría haberla eludido a ella de haberse quedado en Citigroup como una mujer en un cargo de nivel medio.

En una era de gran fluidez, el reciclado de viejas ideas y de antiguas decisiones es, con frecuencia, insuficiente. Da un paseo a través del nuevo panorama. Puede que te encuentres con un gran salto que tenga sentido para ti.

NUNCA TE TIRES DE CABEZA
CUANDO TE SIENTAS DÉBIL

¡La desesperación es mortal! Cuando te sientes abrumada, agotada y vencida, no es el momento para tomar ningún tipo de decisión. Pero es entonces cuando, con frecuencia, estamos más dispuestas a mentirnos a nosotras mismas, a aceptar un comportamiento contraproducente y a hacer tonterías.

¿Por qué? Porque en algún lugar profundo de nuestras mentes reconocemos que si no estamos aflorando a la vida, nos estamos muriendo. Nuestros instintos de supervivencia se activan, el pánico encuentra un asidero, y nos quedamos enganchadas por cierta fantasía de rescate.

Cuando que renuncié a la empresa de mi suegro, me encontré deambulando por ahí, presa de una leve conmoción. ¿Dónde estaba la acogedora frazada de seguridad de mi pensión? ¿Qué pasó con esa simpática dama del departamento de personal que solía entregarme un cheque que cubría el pago de mi hipoteca y mi seguro médico?

Ya es bastante atemorizador montar una empresa por ti sola, pero yo tenía tres inquietos niños que tenían el hábito de visitar la sala de emergencia del hospital con una variedad de lesiones y cuyas educaciones universitarias se alzaban en el horizonte tan altas como una cordillera.

No podía creer cuán al descubierto me sentía. ¿Y qué si no podía acometer esta iniciativa? ¿Qué pasaba si no sólo me quedaba yo sin nada, sino que también perdía todo lo de los demás?

Puede que mi compañía hubiese estado fabricando sombrillas, pero nada había ahí para guarecerme. Si llovía o el sol calentaba demasiado, me iba a empapar o a abrasar.

En mi caso, fueron ambas cosas.

Sin pista alguna sobre los verdaderos intríngulis de una empresa, ni siquiera sabía cómo leer un estado de cuentas o calcular el rendimiento de mis inversiones.

Perdí dinero, zozobré, me equivoqué e hice todo un lío.

Y aprendí una regla básica acerca de lanzarse: nunca te tires de cabeza por debilidad.

Descubrí esto en un momento en el que estaba confusa y atarantada en medio de un pantano empresarial de problemas de liquidez, asuntos de personal, errores de abastecedores y emboscadas de competidores. Tenía que ser ágil para evadir a los cocodrilos sin caer en las arenas movedizas.

Mi vida era una maraña de obligaciones conflictivas. Tenía tres niños a quienes cuidar y un hogar que administrar; mi esposo, Steve, y yo batallamos con el negocio y cómo manejar nuestra vida hogareña. Y yo viajaba mucho, volando de una ciudad a otra, trabajando para que la compañía creciera.

Me acostumbré a almuerzos de rosquillas saladas y cenas de emparedados de aerolíneas; aprendí a dejar mi maleta en el piso de las habitaciones, porque si la metía en el armario simplemente tendría que sacarla de nuevo.

Entonces una noche me desperté en una habitación de hotel como cualquier otra. Ni siquiera sabía en qué ciudad estaba, y, de hecho, tuve que verificar la tarjeta en el teléfono para establecer mi ubicación.

De regreso a casa, una mañana me encontré mi teléfono celular en la nevera. Y otra vez, llevé conmigo una bolsa de pañales a la oficina, en lugar de mi portafolios.

Algo tenía que ceder.

Y entonces, como si hubiese sido predestinado, justo cuando me estaba sintiendo como la clásica damisela en apuros, un hombre llegó galopando por la vereda de mi garaje.

Era un colega a quien había conocido durante años. Competente, vigoroso y seguro de sí mismo, estaba ansioso de intervenir y de ayudar. Él dijo todas las cosas correctas: que reduciría mi carga, asumiría las responsabilidades, y llevaría a cabo algunos de mis viajes, de manera que yo pudiese dedicar más tiempo a mis hijos.

En mi estado debilitado, su oferta era irresistible.

¿Por qué no aprovechar la oportunidad?, me pregunté. *¿Por qué tenía yo que manejar todo por mi cuenta? Quizá no tengo que ser más una supermujer.*

Todo esto podría haber sido cierto, pero también estaba demasiado agotada como para pensar con la mente despejada.

Redactamos un acuerdo de empleo y yo, ingenuamente, le entregué a este hombre mi confianza en bandeja de plata. Abrí mis libros de contabilidad y le di toda la información confidencial sobre mis finanzas y mis sueños. Lo llevé conmigo a conocer a mis clientes y contactos cruciales.

Almorzamos, trazamos estrategias, y nos reconfortamos el uno al otro.

Seguía diciéndome a mí misma que esto iba a funcionar, aun cuando en el trasfondo de mi mente persistían las dudas. Pero me esforcé por desestimarlas.

Confía, Deborah, tienes que aprender a confiar.

Así que traté.

Seis meses después, de conformidad con nuestro acuerdo, nos sentamos para analizar su estructura de compensación. Y en esa reunión, dejó caer la bomba.

—Si quieres que me quede, lo haré por el 25 por ciento de tu empresa —me dijo.

Me quedé pasmada.

Mientras escuchaba, sentada, cómo él delineaba sus demandas, toda mi vida laboral relampagueó ante mis ojos: desde mi patético empleo de mecanógrafa en NYU… a mi servicio en el Departamento de Parques de Lyndhurst, Nueva Jersey… y mi regreso, tambaleante, a mi oficina escasas semanas después de haber dado a luz mediante cesárea para verificar estados de cuentas. Cada uno de esos pasos me había llevado a donde yo estaba ahora, y si este tipo creía que iba a despojarme de la cuarta parte de eso, ¡estaba totalmente loco!

Le entregué un cheque de indemnización y le mostré la puerta.

Yo sabía que yo sola había creado este lío. Lo acogí como parte de una fantasía de rescate en la que me había refugiado, porque me estaba sintiendo desesperada y débil.

Ahora, cuando salto, me aseguro de que lo hago desde una posición de fuerza.

USA LAS DESILUSIONES PARA ILUMINAR EL CAMINO

Después de este revés, tenía que recuperar mi equilibrio. Me llevó tiempo, pero lenta y seguramente volví a hacer de mi empresa un éxito… bajo mis propios términos. Y sin embargo, aun cuando estaba prosperando, había formas en las que me estaba manteniendo segura y refrenándome.

Yo tenía la apariencia de éxito pero no la sensación del mismo: puede que yo luciese sofisticada y estilizada en mi indumentaria de diseñador, pero nadie podía ver mi desnudo interior.

Seguía enumerando los motivos por los cuales debería de ser feliz, y hubo muchos. Yo era la CEO de una empresa en crecimiento, una compañía con empleados fabulosos que poseían ideas grandiosas. Excepto por la ocasional llamada del director de su escuela para informar de una riña a puñetazos, mis tres hijos estaban progresando. Poseía una casa bellamente decorada en un terreno arreglado a la perfección, justo en las afueras de San Francisco.

Mientras revisaba mis logros, seguía diciéndome, *Lo conseguiste, Deborah: esta piscina con piso de losetas, los techos catedral, el auto lujoso… ¡todo te lo debes a ti misma!*

Yo valoraba profundamente cada diamante que lucía, cada langosta que comía, cada prebenda para mis hijos. Pero no era suficiente.

¿Qué pasa contigo?, me preguntaba, una y otra vez. *Si esto no es la realización del sueño americano para una niña del sur del Bronx, que comenzó sin un solo céntimo a su nombre, entonces ¿qué es?*

Puede que haya sido el sueño americano, pero no era el mío…

Yo estaba agradecida por cada una de las cosas que poseía.

Pero estar agradecida no es lo mismo que estar satisfecha.

No puedes obligarte a la fuerza a sentirte satisfecha.

Lo que *se supone* que te haga feliz es irrelevante.

Cada una de nosotras tiene un motivo singular para estar en este planeta.

No hay un destino talla única, como esos vestidos sueltos de tela estampada que le van bien a cualquier mujer, sin importar la talla.

Puedes sepultar tus motivaciones para vivir o desestimarlas a riesgo propio, pero tratar de acomodarlas para que correspondan a las expectativas de alguien más es un colosal desperdicio de energía y de tiempo.

Yo vi que una vida de adquirir bagatelas no iba a satisfacerme.

Que se me recordase como la Dama de los Sombrillas tampoco habría de ser suficiente.

Esta vida risueña nada tenía que ver con mis anhelos más arraigados, pero yo no podía siquiera definir qué eran esos anhelos. Simplemente sabía que yo quería más. Sabía que necesitaba poner a prueba las aguas y cimentar relaciones significativas. Pero había jugado de esta forma durante tanto tiempo que no estaba segura de cómo parar.

Aun cuando estaba orquestando el crecimiento de mi empresa, había continuado siendo una figura en las sombras, sin nombre ni identidad sexual. Había permanecido encerrada en el trasfondo de mi propia empresa, dejando que avezados hombres de más edad representasen a mi compañía ante el mundo exterior. La mayoría de mis vendedores y clientes no tenían siquiera idea de que una hispana joven y madre de tres hijos estaba a cargo del espectáculo. Y eso era exactamente tal como yo lo había planeado.

Con frecuencia, en una exposición comercial, los clientes llegaban hasta nuestro pabellón, pedían folletos de propaganda, y luego esperaban a hablar con uno de los hombres.

En un mundo pre Ricky Martin, se me llegó a conocer como Deborah Shaw, disfrazándome con el apellido americanizado de mi esposo de la misma forma en que sus parientes judíos se habían también disfrazado a sí mismos cuando se asentaron como inmigrantes en Estados Unidos.

Había soterrado toda la chispa y el salero de los Rosado detrás de una viñeta genérica, homogenizada. Yo había pensado que esto mantendría a la gente concentrada en el producto, en lugar de quién yo era, y así había funcionado. Pero también comenzó a tener un impacto en mi alma. Sentí que mi vida era una minuciosa mascarada y que jamás tendría la oportunidad de quitarme el disfraz. Todavía peor, a veces *me olvidaba* de que estaba llevando una máscara. Comencé a sentirme atrapada detrás de mi propia fachada postiza. Hubo ocasiones en las que me miré al espejo y me pregunté: *¿Quién es esta mujer?*

Una tarde, en medio de una tediosa reunión con banqueros sentí un ansia casi incontrolable de estallar hablando en español. Y en ocasiones, por la noche, anhelaba abrir de par en par las ventanas de nuestro sosegado hogar suburbano y tocar música de salsa a todo volumen.

¿Qué me estaba pasando?

BUSCA UN POCO EN TU ALMA

En medio de este torbellino, se me notificó que mi hermano, Josh, había sido internado en un hospital de Nueva York con una de sus peores crisis de salud.

Cuando Josh tenía 14 años, mi padre le donó uno de sus riñones en un intento de salvar la vida de su hijo. Había funcionado... pero durante nueve años, el cuerpo de Josh había estado rechazando lentamente el trasplante.

No había manera de vivir sin un riñón. Si Josh lo perdía, tendría que someterse a diálisis para sobrevivir.

Tomé el vuelo de medianoche desde California para estar junto a mi hermano. Mis padres y yo nos alternamos al pie de su cama durante las noches.

En casa y en el trabajo, estaba tan atosigada, me halaban tanto en cientos de direcciones, que casi fue un alivio encontrar este lugar donde sabía que en verdad pertenecía.

Una noche, sentada al lado de la cama de mi hermano, volví a ver su cuerpo enjuto en medio de una serie de sondas y tubos intravenosos. Para entonces Josh ya había sido sometido a tres operaciones quirúrgicas en un vano intento de salvar el riñón. Puede que mis padres y yo estuviésemos cerca de él, pero en muchos sentidos ésta era para él una lucha solitaria.

Cuando él me volvió a ver con su fatigada sonrisa, me pregunté de dónde sacaba su fuerza. Me sentí minúscula al lado suyo.

Tan pronto se quedó dormido, salí al pasillo. Por un lado, estaba aterrada de irme del lado de su cama, preocupada de que podría írsenos cuando yo no estuviera allí. Por el otro, estaba tan cargada de tensión y preocupación que se me hacía imposible quedarme quieta.

Esa noche, mientras deambulaba por los corredores del hospital, escuché un intercambio entre una doctora y una pareja que se abrazaba en uno de los pasillos.

—Tiene que ser un error —decía el esposo, cuando estaba acercándomeles.

—No —insistió la doctora—. Ya se lo dije antes. No hay duda. Éste es un diagnóstico definitivo.

La exasperación en la voz de la doctora aumentó a medida que yo me les acercaba. Les dijo:

—Oigan, no puedo esperar más a que ustedes confronten la realidad de que su bebé padece de leucemia. Ustedes *deben* firmar este formulario de consentimiento para que la tratemos, o tendré que obtener una orden judicial para salvarla.

Yo estaba lo bastante cerca como para ver los rostros impávidos y aterrados de la pareja.

La esposa negó con su cabeza, y el marido apretó los labios. Estaban, obviamente, tan inmovilizados por el rechazo de la realidad que no podían hacer siquiera lo que precisamente podría salvar a su hija.

Para cuando volví a la oscura habitación de mi hermano, yo estaba temblando. El intercambio en el pasillo me había golpeado con la misma fuerza que una flecha en el corazón. Esos extraños me habían obligado a confrontar, cara a cara, mi propio rechazo y mi propia ceguera.

Fui hacia la ventana y perdí la mirada en la oscuridad de la noche, mientras mi hermano, detrás de mí, respiraba trabajosamente.

Y mientras estaba ahí, de pie, sentí *el tiempo* en esa habitación como si fuese una fuerza de la naturaleza. No tenía idea alguna de cuánto tiempo más podría tener Josh... o yo misma.

Me hice ver, a mí misma, lo que no quería ver: que había pactado un acuerdo secreto conmigo misma para conformarme con menos.

Tendría que cambiar mi vida.

Pero, ¿cómo podría hacerlo?

No tenía la más mínima idea.

SIGUE TUS INSTINTOS

Lo único que sabía con seguridad era que tenía la persistente sensación de que necesitaba mudarme de regreso a la costa este.

Puede que fuese bellísimo ahí justo en las afueras de San Francisco, pero estaba tan lejos de Nueva York y de Washington que sentí como que si estuviera al margen de mi mundo empresarial. Me quedaba al margen de acontecimientos en la industria porque no quería estar lejos de mis hijos. En lugar de expandir mis oportunidades, vivir ahí me estaba impidiendo avanzar.

Esta sensación visceral era la única cosa segura que yo poseía, de manera que me aferré a ella con todas mis fuerzas. Seguí poniendo a prueba las aguas. Hice innumerables viajes a la costa este, saqué la cuenta del número de eventos comerciales a los que podría asistir y todavía llegar a casa para cenar, enumeré las cuentas con las que tendría un mayor contacto, y le pedí a Dios que me diese "señales" de que ésa era la decisión adecuada.

En contra de los consejos de todas las personas a las que conocía, comencé a rediseñar por completo mi negocio y mi vida e hice planes para mudarme a Nueva Jersey. Y, por si acaso, comencé a entablar contactos con los buscatalentos a quienes solía soslayar.

Mis hijos estaban furiosos conmigo. Mi esposo dijo, a regañadientes:

—Si de veras quieres hacer esto, adelante.

Pero yo sabía que cualquier cosa que saliera mal, sería mi culpa.

Mi mentor, a quien se unió mi jefe de contabilidad, me preguntó:

—Deborah, ¿de qué huyes?

Y todo lo que pude decir fue:

—No estoy huyendo de nada, sino corriendo hacia algo.

Había estado orillada al borde de grandes decisiones tantísimas veces, pero en esta ocasión era distinto. Ésta fue la primera decisión que había tomado con base en lo que *yo* necesitaba, sabiendo que habría de causar un enorme impacto en toda mi familia, en especial en mis hijos.

Seguí orando por poder verlo todo con claridad, pero lo que en verdad deseaba era la garantía de que todo habría de funcionar, de que no perjudicaría a nadie, de que no me vería como una estúpida, de que mis hijos no me aborrecerían.

Pero nadie vende una póliza de ese tipo.

Continué vadeando a través de las turbias interrogantes en mi vida: *¿Valgo la pena? ¿Tengo el derecho de querer tanto? ¿Podía darme a mí misma la autorización para pensar en grande?*

Y la única respuesta que escuché fue un tibio "Quizá".

¡LA VIDA ES CONFUSA! CUIDADO CON LAS AGUAS TURBIAS

En el trasfondo de esta decisión figuraba mi búsqueda de respuestas nítidas a complicadas interrogantes. Durante años, mi esposo y yo habíamos estado tratando de tener el tipo de matrimonio que ambos deseábamos desesperadamente. Lo habíamos intentado todo —llorar, gritar, pelear, recibir consejos— sin éxito. Ambos sabíamos que nuestro matrimonio estaba recibiendo respiración artificial pero simplemente no podíamos soportar el desconectar los aparatos.

Como cantaba Gladys Knight: "Ninguno de los dos quiere ser el primero en decir adiós".

La comida se volvió mi alivio, mi acompañante secreto de medianoche. Bien entrada la noche, me paraba frente a la fría luz de la nevera y trataba de llenar ese foso sin fondo de mi terror con pan y chocolate y queso.

Mientras me atiborraba, me preguntaba: *¿Por qué no estás satisfecha? ¿Cuán lejos puedes avanzar en una sola generación? ¿Cuánto puede hacer una mujer divorciada y con tres hijos?*

Con el tiempo quedó en claro que Steve y yo estábamos al borde del abismo de nuestra vida en California. Debajo de nosotros se agitaban las turbias aguas de ignotas profundidades.

¿Cómo podríamos tomar a tres hijos que ambos adorábamos y nuestro propio y continuado amor mutuo y hacer que nuestra relación funcionase de una forma nueva?

En mi pánico, traté de pensar en cada forma posible de bajarme de ese risco sin tener que caerme en esas oscuras y encrespadas aguas.

Pero yo sabía lo que tenía que hacer.

De manera que contuve el aliento y me lancé al vacío.

Que Dios me ayude, fue lo que pensé.

A MERCED DE LAS MAREJADAS

Tal como me lo había temido, todo estalló en desorden al llegar a Nueva Jersey, y tuve que confrontar el caos que yo había generado.

Me sentía culpable por la gente a la que había tenido que cesantear en California. Me sentía terriblemente mal por empujar la vida de mi familia dentro de cientos de cajas. Tenía que pagar una cuantiosa línea de crédito, ajustar cuestiones legales con mis ex socios y reconstruir mi negocio. Y todo ello mientras presentaba una fachada de serenidad a mis clientes y asociados empresariales.

Me encontré sentada el día entero en una oficina de Nueva Jersey, contestando teléfonos y apaciguando a clientes, luego volviendo a casa por la noche a un hogar lleno de hijos infelices, quienes me recibían a la puerta gritando:

—¡Odiamos este lugar!

Sentía como si estuviese sosteniendo el timón firme en un rumbo fijo, mientras me encaminaba a estrellarme.

La agitación me dejó llena de dudas sobre mí misma. Comencé a preguntarme: *¿Qué era lo que estaba tratando de alcanzar? ¿Por qué no estaba satisfecha con lo que tenía?*

Luego, como millones de mujeres que antes de mí se han sentido solas y abrumadas, me hundí, como una roca, en la depresión.

Esa mudanza de California a Nueva Jersey fue el comienzo de un viaje de 3.000 millas de regreso hacia mi identidad.

Pero me llevó mucho tiempo enterarme de eso.

Yo confiaba en tener que dejar de nadar una vez que llegase a la costa este, pero oscilé de arriba abajo en esas aguas durante meses.

Seguí mi sonar interno hacia aguas desconocidas, y cuando no estaba batallando contra la marea estaba flotando en agotamiento.

Poco sabía yo que apenas había comenzado el recorrido a nado más grande de mi vida.

DECISIONES, DECISIONES, DECISIONES

Si quieres tener acceso a lo que es posible en la vida, tendrás que tomar muchas decisiones difíciles. Y no, no lo puedes tener todo. Pero sí puedes tener algo.

Cuando vemos o leemos algo sobre mujeres que se han lanzado, raramente se revela el proceso que ellas utilizaron para prepararse a saltar. Jamás se nos cuentan las pláticas íntimas que ellas sostienen consigo mismas, las preguntas que plantean, las sopesadas alternativas.

He tenido el privilegio de hablar con miles y miles de mujeres a lo largo y ancho del país y, al hacerlo, aprender sobre sus historias, sus desafíos y sus triunfos. He identificado algunos de los pasos comunes que transforman a chicas normales en mujeres valientes y osadas. A continuación están algunos de sus mejores consejos:

- ◆ **Escucha tu descontento** y sé brutalmente honesta contigo misma con respecto a su procedencia.
- ◆ **Desafía tus presunciones** y atrévete a sacar nuevas conclusiones. Atrévete a desechar lo viejo e intenta algo diferente. Puede que te guste la talla.
- ◆ **Prueba las aguas** y prepárate a sentirte incómoda. Las aguas frías no te ahogarán, siempre que no te sumerjas del todo.
- ◆ **Prueba las alternativas** para acallar el descontento con la menor turbación posible.
- ◆ **Toma pasos moderados,** pequeñas acciones graduales que aumentan en osadía y confirman tus evaluaciones. Es tan divertido volver la vista atrás y decir: "¡Yo tenía razón! ¡Lo ven, *tenía razón!*"

◆ **Lánzate** y prepárate para dar nacimiento a un
nuevo futuro, a menudo en tu actual relación o con
tu actual patrono y, a veces, en una nueva relación,
una nueva empresa o una nueva carrera.

Cada una de estas mujeres triunfadoras prueba, mide y
evalúa a su manera propia. Con frecuencia, piden a Dios
señales, o hasta tratan de forzar una decisión haciendo que
alguien la tome por ellas. Pero mientras están sentadas al
borde de lo que es y lo que no es, las preguntas que se hacen
en lo más profundo de sus almas son probablemente las mismas tuyas y mías. Ellas, también, se preguntan a sí mismas:

◆ ¿Por qué me siento así?
◆ ¿Por qué no puedo sentirme satisfecha?
◆ ¿Cómo sé yo que es esto lo que en verdad quiero?
◆ ¿Me estoy acomodando, o estoy pidiendo demasi-
ado?
◆ ¿Qué pasa si fallo?
◆ ¿Qué pensará la gente?
◆ ¿Qué pasa si me veo como una estúpida?
◆ ¿Vale la pena?

Como ves, tú *sí* tienes algo en común (probablemente
muchas cosas) con estas dinámicas mujeres. *Todo el mundo*
tiene dudas. A diferencia de lo que sucede en una partida de
ajedrez profesional, la vida no tiene relojes que marcan el
tiempo para indicarte cuándo te corresponde tu turno. Y
algunas de nosotras pasaremos años sin fin entre una jugada
y otra.

Recuerda un momento en el que te sentiste realmente
llena de vida, cuando el tiempo se detuvo lo suficiente como

para que notases el ritmo en que tu pecho subía y bajaba y la presión de la sangre corriendo por tus venas. Un ejemplo en el que te dejaste sentir que eras más grande que tu propia fuerza y estatura. Una conexión con tu propósito más grandioso.

Si no has tenido ese momento, sale en busca de uno, porque es ahí donde yace la respuesta. Las respuestas son únicas, sólo para ti.

AQUÍ SE ACEPTAN LOS ERRORES

No esperes verte bien o inteligente todo el tiempo. En realidad, si verdaderamente vives, tendrás muchos momentos en los que te verás estúpida y te sentirás como una tonta.

Da un vistazo a Joan Rivers. Si acaso hubo en alguna oportunidad una "Reina de la Recuperación", ésa es ella. Humillada por la cancelación de su programa de entrevistas en la televisión, un boicot de las cadenas, el distanciamiento de su única hija, la ruina financiera y el espantoso suicidio de su esposo, Edgar... en la actualidad, Joan es acompañada con regularidad en el canal de cable E! por su hija, Melissa, y se ha convertido en la Gran Dama de la Joyería en el canal de compras por cable QVC.

Yo misma he tenido muchos de esos momentos en los que me he sentido deambulando por la cuneta. He confiado en gente dañina, he contratado a las personas equivocadas, he perdido dinero, he pactado acuerdos insensatos, y me he caído de bruces... en público.

Así, pues, cómo pasas de "¿Por qué yo?" a "¿Qué viene ahora?"*

*El título de una disertación que una vez escuché a Paul Ratzlaff.

El truco consiste en pararse en esos momentos, acordándote de esto: *Si estás dispuesta a perder algo, tendrás la oportunidad de ganar mucho.*

Desde Lucille Ball a Elizabeth Dole a Ellen DeGeneres, todas ellas han pasado por eso y han hecho eso mismo.

Como en la bolera, las bolas que van a parar en la canaleta no pueden aniquilarte; simplemente no te anotan ningún punto.

SUFRIR ES UNA OPCIÓN

Ahora lo sé, a algunas de nosotras en verdad les deleita el sufrimiento: ¡La tristeza es mi nombre! ¿Por qué me pasan a mí estas cosas? ¿Qué he hecho yo de malo? ¿Por qué mi vida no puede ser como la de fulanita de tal? Tú no te permitirías desplazarte hacia el lado luminoso aun cuando tu vida misma dependiera de ello.

¿Y sabes qué? Depende de ello.

Yo he pasado por eso, y quiero que sepas que el sufrimiento es una opción.

Con frecuencia, la desesperanza es un derivado de haber experimentado un momento de tu propia autograndeza y de luego haberle dado la espalda.

Si te encuentras inmersa en la desdicha durante largos períodos de tiempo, estás colectando algún dividendo que, de alguna forma, la hace valioso para ti.*

---

* Puede también que necesites ayuda profesional. La depresión clínica es una enfermedad que puede tratarse con medicamentos. Tú no pensarías en reparar tú misma un hueso roto; tampoco lo trates en este caso.

Tal vez no tendrás que experimentar tu belleza en toda su plenitud.

Tal vez no tendrás que aprender de lo que eres verdaderamente capaz.

Tal vez no tendrás que dejar a otros detrás.

Tu sueño más desesperado y anhelado podría ser uno del que te persuadiste a ti misma, hace muchísimo tiempo, que jamás podrías tener. O quizá te estás aferrando a un sueño que feneció hace décadas.

Haz una exhaustiva revisión de tu vida, tu empleo, tus relaciones, tus sueños, y formúlate esta importante interrogante:

¿Si tuviera sólo tres años más de vida, dónde y cómo pasaría el resto de mi existencia?

Cuando en verdad comiences a comprender qué es lo que inyecta sentido a tu vida, comenzarás a tomar riesgos que son apropiados y efectivos.

Capítulo 10

¡Sueña en grande! Y hazlo realidad ahora

"Tú eres la arquitecta de tu propia vida".

—DIANE DREHER

Voy a hacerte partícipe de un pequeño secreto: todas somos libres de escoger y de crear nuestras vidas.

¿Por qué, entonces, no lo hacemos?

Porque tenemos miedo y porque somos holgazanas.

Cuando nos damos cuenta de que tenemos opciones, aparece una pila de trabajo. Y es trabajo de un tipo distinto al de calcular ganancias o pérdidas o rendimiento sobre inversiones o al de conseguir esa promoción. Bien podrías pensar que se trata de levantar cosas pesadas… es trabajo interior profundo, del tipo que la mayoría de nosotras más bien preferiría evitar.

Una vez que aceptas la noción de que has nacido repleta de potencial y también de que has nacido con el poder para manifestar plenamente ese potencial, la total ilusión bajo la cual vivimos —la de que somos peones inermes en un juego predeterminado— queda a la vista.

Y entonces tenemos que lidiar con las interrogantes que produce ese entendimiento.

- ¿Por qué estoy aquí?
- ¿Tiene un propósito mi vida?
- ¿Cómo puedo vivir una vida de poco o nada de lamentaciones?
- ¿Qué es posible?

ESCUCHA LO QUE TE SUSURRA DIOS

Después de trasplantar a mi familia y mi empresa hacia la costa este, asumí que ambas prosperarían y florecerían con rapidez. Pero, debo admitirlo, nos llevó un tiempo arraigarnos, y hubo un período en el que constituíamos un grupo flojo y marchito. Yo seguía esperando la intervención divina, ese susurro celestial a mi oído dándome direcciones claras o siquiera un alentador "¡Anda, niña! ¡Hiciste lo correcto!"

Junto con algunas instrucciones claras, deseaba mi recompensa por tomar una decisión osada y asumir la responsabilidad. Pero pasó mucho tiempo para que llegara.

Mientras tanto, me obligué a mí misma a ejecutar las heroicas acciones de levantarme de la cama por la mañana y de colocar un adolorido pie delante del otro. No muy dramático, pero en ocasiones eso era todo lo que había que hacer. Instintivamente, supe que si persistía segura y firmemente, al cabo del tiempo llegaría a vivir mi sueño.

Pero habiendo dado la "gran zambullida", yo no estaba segura de hacia dónde dirigirme a continuación. Necesitaba direcciones, pero no había ninguna flecha destellante de neón apuntando el rumbo.

Habría de descubrir que la guía divina muy pocas veces es tan fulgurante. El mundo nos grita con sus vallas publicitarias a la vera de las autopistas, los anuncios comerciales de radio, los noticiarios radiales y una andanada constante de comandos dictatoriales —astutamente disfrazados como amables y bien intencionados consejos— emitidos por amistades, parientes y colegas de trabajo. Pero, al igual que la suave voz de tu propio espíritu interior, "Dios" a veces habla en susurros.

El universo puede comunicarse con el corazón humano utilizando algo a veces tan simple como un verso de una poesía, la inesperada belleza de un ocaso, las notas de una obsesionante melodía, un proverbio bordado sobre una funda... o hasta un poquito de basura apachurrada.

Sentada ante mi escritorio en Nueva Jersey, sintiéndome perdida, deseando que apareciera ese indicador direccional de neón, encontré un minúsculo pedazo de papel arrugado colgando de la parte de abajo de mi carpeta secante, que había sobrevivido a la mudanza de 3.000 millas. Este pedazo de "basura" era un aviso que había recortado de una revista unos meses atrás, en California. Describía el *Avon Women of Enterprise Award* (Premio Avon para Mujeres Empresarias), coauspiciado por la Administración de Pequeños Negocios de Estados Unidos.

Sentada ahí, ante mi escritorio, con ese trozo de papel en la mano, escuché un susurro. Sentí agitarse en lo profundo de mi vientre el fuego que había estado yaciendo, como rescoldo cubierto, para estallar de nuevo en llamas. No era una flecha fulgurante, pero en cierta forma habló de manera casi tan diáfana a mi corazón.

Así que escribí los ensayos requeridos, aporté la información biográfica necesaria, y sometí el trabajo.

Y luego volví a la monotonía de la vida "real": pilas de ropa para lavar, documentos que procesar, reuniones de directorio, mensajes telefónicos, ir de compras al supermercado y llevar a mis hijos a las prácticas de baloncesto.

Hasta una mañana, cuando avisté un sobre en medio de los cobros de tarjetas de crédito y del correo basura. La dirección del remitente decía Avon Products.

Abrí el sobre y casi me desmayé. La carta en su interior decía: "Nos complace informarle que ha sido usted seleccionada como ganadora del Premio Avon para Mujeres Empresarias 1996".

Sobra decir que estaba extremadamente agradecida por la sutil dirección que me había dado ese trozo de papel que encontré pegado a la carpeta secante de mi escritorio. Había escuchado el susurro y seguido los dictados de mi corazón, y recibiría lo que estaba segura que habría de ser un pequeño y agradable premio. Qué simpático. Me imaginaba que sería una discreta ceremonia de entrega del premio, con un almuerzo buffet y, quizá, una placa para colgarla en mi pared.

Pero este premio era muchísimo más grande que eso.

NUNCA ESTÁS SOLA

Temprano el día del almuerzo para la entrega del premio, fui al gran salón de baile del hotel para verificar el espacio y tener una sensación del sitio. Mientras estaba ahí, de pie, apreciando el elevado cielo raso y las enormes arañas de luces, observando al personal del hotel apresurarse para arreglar las mesas y colocar los cubiertos, me quedé sencillamente sobrecogida.

Fijando la vista más allá de las filas y filas de mesas hacia la parte de atrás del salón, me sucedió la cosa más maravillosa del mundo. Vi una imagen de dos mujeres: una estaba de rodillas, con un balde y un estropajo; la otra estaba inclinada sobre una máquina de coser.

Mirándome directamente estaban las luchas de mi abuela paterna y mi bisabuela materna, las cuales habían dejado hijos y hogares en Puerto Rico a fin de perseguir un futuro más brillante para sus familias en Nueva York, una en un taller de costura y la otra en este mismo hotel, el Waldorf-Astoria.

Era difícil creer que Mamá Juanita había trabajado sobre sus rodillas en el mismísimo edificio en donde su biznieta ahora ocuparía el sitio de honor.

Las vidas de mis abuelas habían sido agotadoras y solitarias. Habían vivido en destartalados edificios de apartamentos, incapaces de hablar inglés, carentes de la calidez y la seguridad de su sitio natal. Ambas lo habían arriesgado todo para proveer una vida mejor para sus hijos. Y toda mi vida yo había estado de pie sobre los hombros de estas valientes mujeres... y de las muchas que, antes que ellas, habían trabajado arduamente, sin idea alguna de cómo sus esfuerzos habrían de afectar a las generaciones futuras.

Ellas eran parte de los retazos de esa colcha de retazos que era yo. Estas mujeres me habían sostenido y apoyado aun cuando yo ni siquiera me había dado cuenta.

Si ellas pudieron confrontar sus peores temores y lograr tanto con tan poco, lo menos que yo les debía era honrar su memoria y dar lo mejor de mí.

LA VERDAD ES PODEROSA

Pasando al lado de Joan Rivers y del profesor Davidson, con mis hijos, padres y asociados empresariales mirando, dirigí el primer genuino discurso de mi vida. Me paré ante el podio, con mi corazón latiendo a un ritmo acelerado. Compartí toda mi historia, mi historia *genuina,* no una versión esterilizada.

Al hacerlo, me reconcilié con mis orígenes y la dirección hacia donde iba. Al abrazar mi propia historia, estaba conectándome a una historia mucho más grande que yo misma.

Ése fue el día en el que verdaderamente me despojé de mis impedimentos y salí a la luz como yo misma, Deborah Rosado Shaw, una mujer de una extensa línea de mujeres vigorosas y valientes.

Mientras hablaba, sentí cómo las fuentes de la vergüenza se relegaban al pasado: ser tirada de un puñetazo hacia el lodo mientras se me llamaba con el despectivo de "spic", sentir a aquel hombre que en la iglesia se deslizaba silencioso detrás de mí. Las cucarachas, las ratas, el temor en la noche... No los sepulté, pero ellos tomaron su sitio en el tejido de mi vida.

Apenas supe qué palabras dije, pero sí sabía que eran ciertas, como si estuviera sosteniendo una prolongada conversación conmigo misma. Y al terminar, no podía creer mis oídos: un aplauso ensordecedor, por parte de gentes que estaban visiblemente conmovidas.

En ese momento, vi el poder de afirmarte sobre tu verdad, y eso cambió mi vida.

CUENTA TU SUEÑO EN VOZ ALTA

Las palabras son el medio a través del cual puedes hacer que las cosas adquieran vida. Primero, debes admitirte a ti misma el sueño. Luego, debes relatarlo en voz alta, en donde vale la pena y en donde la gente responderá a tu llamamiento para llevarlo a la vida.

En mi discurso de aceptación hice una aseveración que me sorprendió hasta a mí misma:

—Espero, algún día, sobrevivir a tres hijos adolescentes y escribir un libro de los de más venta.

Desde que era una niña, en cualquier momento que algo increíble me sucedía, aun si era doloroso, lo archivaba en mi mente y pensaba: "*¡Tengo que acordarme de esto! ¡Tengo que decirle esto a alguien!*"

Cuando pasé al lado de aquel cadáver frente a nuestra iglesia, cuando conocí a aquella detestable decana en Wellesley, cuando subí las escalinatas del Museo Americano de Historia Natural, traté de esculpir los detalles en mi memoria.

Sabía que esas cosas habían sucedido por una razón, pero no había descubierto aún por qué.

Hasta ese discurso.

Mientras hablaba, pensé, Si puedo sobrevivir a todas mis épocas sombrías y surgir al otro lado, eso quiere decir que alguien más puede, también, y que ella simplemente no lo sabe todavía. Quizá yo pueda ayudarla.

Después de mi discurso me vi rodeada por una multitud de gentes que me deseaban lo mejor, incluso una elegante mujer a la que jamás había visto con anterioridad. Ella esperó pacientemente atrás de la aglomeración y, finalmente, se acercó a mí, extendiéndome la mano.

—Soy una editora de Simon and Schuster —dijo—. Si usted habla en serio acerca de escribir ese libro, déme una llamada.

Y me entregó su tarjeta de presentación.

Yo me quedé más atónita que si un hada madrina se hubiese materializado de la nada, con una varita mágica. Fue sólo una parte asombrosa más de un día típico de los cuentos de hadas.

Tomé su tarjeta, sonriendo, y me dije: *Mañana, Deborah, te vas a despertar.*

NO SUBESTIMES TU CAPACIDAD

Muchas veces había leído esta frase: "Así como hablas, así vivirás". Pero jamás lo había experimentado precisamente de esta forma.

La verdadera conmoción llegó la mañana siguiente a la ceremonia de entrega del premio, cuando, de golpe, volví a la vida real. Estaba agotada, mis hijos estaban hambrientos, y el perro se había perdido, una vez más. Capté mi reflejo en un costado de la tostadora, con los ojos semejantes a los de un mapache, rodeados por el rímel de maquillaje de ayer.

Estaba en la cocina, rodeada tanto por tareas escolares de matemáticas como por palos para jugar al hockey sobre hielo, haciendo emparedados de mantequilla de maní, cuando escuché los faxes que me retransmitían desde mi oficina saliendo de la máquina impresora.

Con un cuchillo en una mano, me dirigí hacia el despacho en mi casa y retiré los faxes. Al tope estaba una nota de la editora de Simon and Schuster.

Como si respondiera a una pregunta no formulada, más que en mi cabeza, decía: "Me emocionó la facilidad y el poderío de su presentación. Si en verdad ha pensado seriamente en ese libro, me interesaría muchísimo conversar con usted".

Ahí, a plena luz del día, estando parada y descalza, con mantequilla de maní en la mano, me golpeó con aun más potencia que la del día anterior.

Esto era de verdad.

En los días siguientes, tuve que absorber el asombroso giro que había dado mi vida.

Ascender del foso del Prozac a las ovaciones de extraños era desorientador. Fue una conmoción para mis supuestas limitaciones. Tuve que aceptar el hecho de que había estado soñando en términos demasiado pequeños.

Durante un buen período, seguí esperando despertarme de súbito y terminar de regreso en mi vacilante vida, pero eso no sucedió. En cambio, a medida que pasaban los días, más puertas se abrían de par en par.

Fui literalmente bombardeada por peticiones para charlas, entrevistas de televisión, artículos para revistas, fiestas y toda clase de eventos.

SIGUE ESCUCHANDO

Por supuesto, todos queremos pruebas de que estamos en el rumbo correcto. Y yo las necesitaba *a montones*.

Con la empresa creciendo a borbotones y los chicos disfrutando cada vez más de una vida social, yo seguía pensando: ¿Dónde voy a encontrar el tiempo para asumir otro enorme proyecto más?

Y por otra parte, yo nada sabía de escribir o de vender un libro; ¿a quién quería engañar?

Cuando mi instructora empresarial, Pat Miller, me ofreció algunas palabras alentadoras, le respondí:

—¡De tu boca a los oídos de Dios!

Y ella respondió:

—No, Deborah, es de los labios de Dios a tus oídos. — Ella me instó a seguir buscando y, sobre todo, a seguir escuchando. Las respuestas llegarían.

Así que hice un trato con el universo. Dije: "Oigan, si este asunto de un libro es algo que yo debería en verdad estar haciendo, voy a necesitar algunas señales GRANDES... preferiblemente en neón".

ANUNCIOS EN LUCES DE NEÓN

Decidí aceptar unos cuantos compromisos para charlas a fin de ver si lo que yo tenía que decir era de alguna relevancia para gente fuera de Nueva York. Desde Fargo, Dakota del Norte, hasta St. Cloud, Minnesota, y Kansas City, Missouri, volé por todo el país para indagar por mí misma.

A medida que mis palabras eran acogidas por salas repletas de extraños, de pie y aplaudiendo, vi lo mucho que mi veraz relato significaba para otros, cuánto se identificaban ellos con mis problemas y triunfos y cómo esa conexión nos inspiró a todos.

Su aliento me enseñó que aunque podemos parecer diferentes en el exterior, somos lo mismo en un 99 por ciento. Nos preocupamos por nuestros hijos, luchamos por nuestras familias y oramos por el mundo. Y cada uno de nosotros anhela amor, validación y significado.

Estas mujeres —y sí, también hombres— de distintas partes del país me ayudaron a darme cuenta de que mi historia representaba más que mi propia vida, que representaba algo mucho más grande que yo misma.

MI CAMINO HASTA AQUÍ

Durante la mayor parte de mi vida me he sentido como una chica jugando a ponerle la cola al burro: ocasionalmente con la venda de la duda y el temor sobre los ojos, pero acercándome cada vez más al blanco. Y con cada triunfo aumenté en vigor y determinación.

Persistí en deshacerme de las pesadas maletas del miedo, la ira y la culpabilidad que había estado arrastrando detrás de mí. Y, gradualmente, comencé a avizorar la recompensa por todas las decisiones que había tomado como resultado del terror y la ceguera.

Vi que, como si fuera la heroína de una historia de aventuras, había estado participando en una búsqueda, y el destino había sido *yo misma*.

Primero, me atrevía a dar un vistazo por debajo de mi máscara y decirme a mí misma: *¡Ésta es quien yo soy!* Luego le dije la misma cosa a mis hijos.

¡Y qué sorpresa más maravillosa! Mi mundo no se desintegró. El sol salió a la mañana siguiente; mis hijos comieron su cereal durante el desayuno.

Y me dije a mí misma: *¡Anda, mira para eso!*

Así que seguí movilizándome. Y seguí en acción aun cuando no estaba segura de adónde me dirigía. Traté de mantener la vista en el destino al tope de la colina, mientras seguía al tanto de las sorpresas que destellaban a la vera del camino. Si había un muro con una señal de PARE sobre él, me trepaba para superarlo o encontraba una forma de derribarlo.

En cualquier momento en que me topaba con una mujer a la que admiraba, trataba de emularla, y extendía una mano agradecida a quienes se apretujaban detrás mío.

Formé alianzas que pudieran sustentarme a mí y a otros.

Y luego, cuando me sentí lo bastante fuerte, me lancé, narrando mi historia a toda la gente del mundo, demostrándoles quién en realidad era yo. Estaba surgiendo un ser a quien yo escasamente conocía, una mujer que se amaba a sí misma, una mujer repleta de convicción y de propósito.

AHORA TE TOCA A TI

Da un buen vistazo a las historias en este libro. Ni Nancy ni Aubyn ni Mercedes ni Rose nacieron con nada especial. Aquí no había paladines con capa. Ninguna predisposición genética a algo magnífico. Son, simplemente, gente común viviendo vidas extraordinarias.

Y tú puedes hacerlo también, si así lo eliges.

No importa quién tú seas, cualesquiera que sean tus circunstancias, tienes opciones. Y puedes causar un impacto en el mundo en derredor tuyo —ante la mesa de tu comedor, en la sala del directorio de tu empresa o en la arena política internacional— con las opciones que escojas.

La interrogante es: ¿Lo harás?

"¿Por qué siento tanto miedo?"

¿Te acuerdas cómo te sentiste cuando te enteraste, por primera vez, de que Santa Claus no es de verdad? ¿Qué otras mentiras te habían dicho? ¿Qué otras presunciones en tu vida puede que no sean ciertas?

Tendemos a aferrarnos a las fantasías que hemos acariciado desde hace mucho, lo mismo si se trata de las historias sobre Santa Claus o de los relatos del Conejo de Pascua o de las falsedades negativas sobre nuestras propias ineptitudes. Es difícil liberarse de mentiras profundamente arraigadas en tu alma, pero tú debes hacerlo, si es que has de llegar a conseguir alguna vez tus sueños.

Una de las peores falsedades es la idea de que hay una especie de "magia" que capacita a cierta gente con acceso a sus sueños, pero deniega ese mismo acceso a otros. Tendemos a pensar que esas personas son diferentes a nosotras, que nacieron con características especiales. De alguna forma fueron extraídas de entre el resto de nosotros, creemos, apartadas por alguna fuerza invisible y predestinadas para la grandeza. ¡Cuán afortunadas!

Pero no es así. Son, sencillamente, gente normal que no difiere de los demás, a excepción de que han tomado opciones y dado los pasos necesarios para crear las extraordinarias vidas que viven.

Y un mundo como el de ellas —o, todavía mejor, uno de tu propio diseño— está así de disponible para ti si estás dispuesta a tomar tus propias opciones y a dar tus propios pasos.

Esa es la buena noticia. La mala noticia es que ningún enorme tornado va a aparecer sobre el firmamento de Kansas y llevarte consigo hacia la Tierra de Oz. Si vas a vivir tus sueños, y tú puedes hacerlo sin problema, serás tú quien tenga que hacerlos realidad. Y es ahí donde viene la labor.

Ya que es fácil y mucho menos atemorizador, por lo general accedemos a conformarnos con menos de lo que es posible, a simplemente permitir que la vida nos suceda en lugar de que *nosotras* le sucedamos a la vida.

¿Y por qué aceptamos esta falacia que dice que no podemos concretar nuestros sueños porque no figuramos entre los pocos y selectos afortunados? Pues porque las nociones preconcebidas, sin importar cuán horrendas, falsas y dañinas, son familiares y, por lo tanto, cómodas. Así que no hay que extrañarse de que, después de años de denegarnos nuestro derecho de primogenitura a la grandeza, nos sintamos atemorizadas cuando este hecho queda a la vista.

Sin embargo, sea o no aterradora, la verdad es que todas nosotras hemos tenido acceso a nuestros sueños desde el principio.

Una vez que esta nueva verdad halle la senda hacia el interior de tu corazón, estarás en camino hacia el gozo de una vida extraordinaria.

"¿Por qué no puedo moverme?"

Justo en el momento en que decides que verdaderamente vas a moverte hacia adelante, esa atemorizante sensación es complicada por abrumadores episodios de pereza. ¿Por qué? Porque moverse hacia adelante luce como demasiado trabajo. Al sopesar lo que parecen ser decisiones monumentales sobre qué hacer y con quién hacerlo, nos conformamos con un papel de espectadoras. Al apoltronarnos, nos convertimos en extras en la película de nuestra vida, existiendo simplemente como respaldo para el argumento de la vida de alguien más.

Aunque la mediocridad puede no ser muy satisfactoria o emocionante, es fácil y reconfortante... y, por lo tanto, adictiva. Una vez que nos volvemos dependientes del statu quo, debemos mentirnos a nosotras mismas, asegurándonos de que no podemos gozar de nuestros deseos más íntimos.

El mismo término *excelencia* implica una cantidad enorme de trabajo y autodisciplina, para no mencionar los desafíos que nos sentimos incapaces de cumplir. La idea en su conjunto es tan amenazadora que con frecuencia nos comportamos de manera contraproducente y aceptamos menos de lo que nos merecemos.

¿Por qué hacemos eso? ¿Acaso es porque en verdad no queremos más? No. Nuestras almas anhelan la total autoexpresión. Pero bien en lo profundo de nosotras, donde yace nuestra verdad, sabemos que no podemos lograrlo solas. Es una labor demasiado grande para cualquier persona.

Nadie puede hacer las cosas por sí mismo. Nadie lo ha hecho jamás.

Y la buena noticia es ésta: tú tampoco tienes que hacerlo.

Sin duda habrás escuchado el antiguo adagio "A Dios rogando y con el mazo dando". Y si bien es una expresión que con frecuencia se dirige en tono cáustico y cínico a gente a las que el que habla considera por lo general como holgazana, son palabras genuinas y sumamente bellas. Da unos cuantos pasos en tu propio beneficio y te asombrarás de cuántas bendiciones se derraman, espontáneamente, por tu camino. Los problemas se disuelven, las oportunidades aumentan, y los recursos se materializan en formas en las que jamás te imaginaste. Comienza a caminar, aún trastabillando, por la senda correcta, y te recibirán... antes de la mitad del camino.

Así, pues, si la posibilidad de llevar a la realidad tus pasiones más acendradas suena como una tarea imposible y sobrecogedora y sientes que te invade una oleada de temor y de pereza, sólo recuerda que hay ayuda en camino. En lugar de ser una jarra que se agota al verterla, te encontrarás con que te has convertido en un canal a través del cual fluye la energía dadora de vida.

¿Qué debes hacer?

Si quieres satisfacer tu hambre por una vida repleta de gozo y vitalidad, debes buscar tu propósito.

Cada una de nosotras tiene uno, y cuando estamos alineadas con él, no hay quien nos detenga.

Lo mismo si estás atascada, vacilante o arremetiendo con todo a lo largo de un camino muy resbaladizo, tu propósito no te llegará envuelto en papel de regalo y atado con una cinta dorada.

Para cada una de nosotras la respuesta es diferente. Y tú debes salir a buscar la tuya.

Hay mucho más en la respuesta a esta interrogante que un simple: *¿Qué seré yo cuando crezca, algún día?* No estamos hablando de las interminables decisiones relativas a la ocupación, el número de hijos o si la cerca de madera será o no de color blanco.

Estoy hablando de decidir por ti misma quién serás… a partir de este mismo momento.

Estoy hablando de decidirte a explorar cada don, utilizar tu apasionamiento y no ser conformista.

Una forma de explorar este tema es establecer qué es lo que en verdad te importa a ti. Siéntate con una pluma y una hoja de papel y escríbete un panegírico. Ya sé, suena un poco morboso. A la mayoría de nosotras nos desasosiega un poco la sola idea de redactar un testamento. Pero dejando de lado los aspectos macabros, piensa en qué quisieras que se dijese de ti. Si tú pudieras "resumir" tu vida en unos cuantos cientos de palabras, ¿qué quisieras que se dijese en esas frases?

¿Cuáles fueron tus logros más importantes?
¿Cuáles son las vidas sobre las que causaste un impacto?
¿Adónde fuiste?
¿A quién amaste?
¿Quién te amó?

¿Quisieras que en tu panegírico se dijese que fuiste una madre de familia devota, una esposa fiel, una empresaria con principios? Quizá quisieras que tu panegírico mencionase las formas en las que serviste a tu comunidad a lo largo de los años, los obsequios que entregaste, tus esfuerzos para aliviar el sufrimiento e iluminar las vidas de otros. ¿Cómo se te recordará?

Cuando mires hacia atrás, probablemente no lamentarás lo que hiciste o no hiciste; muy probablemente lamentarás la persona que no llegaste a ser: valiente, gozosa, poderosa, osada, compasiva. Cualquier cosa que quisieras que se dijese es probablemente lo que más anhela tu corazón.

¿Quién debes ser tú en la vida?

Si te figuras quién debes *ser,* descubrirás lo que debes *hacer.*

HAZ UN COMPROMISO

Una de las primeras cosas que debes realizar es hacer un compromiso. Los compromisos no tienen nada que ver con la conveniencia. Se tratan de honrarte a ti misma y el privilegio de la vida que se te ha dado.

Cuando te comprometes a satisfacer tu propósito, te comprometes a dejar este mundo con tu potencial para aprender, amar y crear usado en su totalidad. Y si prometes vivir de esa manera, un día tras otro, no habrá nada que pueda detenerte.

Y puedes empezar ahora mismo. No tienes que saber cuál es tu propósito antes de que comiences. Tu compromiso mismo aportará ese conocimiento.

Dónde comenzar

1. Haz una promesa

Prométete que vivirás una vida poderosa satisfaciendo tu propósito: "Yo, _____, prometo cumplir con mi propósito". Cada día, al despertarte, recuérdate de la persona que te has prometido ser.

2. Párate y haz que te tomen en cuenta

Usa tus talentos y fortalezas. Quizá puedes cocinar o escribir poesía o cantar o dar socorro a los enfermos o hacer reír a la gente. Cualquiera que sea tu talento, te fue entregado por un motivo. Al utilizarlo, recibirás una transfusión de energía: el poder de la creatividad en su manifestación más pura.

Sopesa los temas siguientes:

¿En dónde te has estado refrenando? ¿Con qué te estás conformando?
¿Qué tienes que decir, que contribuir?

¿Qué es lo que te apasiona?
¿En dónde puedes crear un cambio decisivo?

3. Examina tu verdad

Ya sean tus días dolorosos o gozosos, sombríos o brillantes, tus experiencias te pertenecen sólo a ti. Nadie más ha vivido tu vida. Cada trauma, cada éxito, te ha enseñado algo. Siéntate y escribe la historia de tu vida. ¿Cuáles circunstancias, buenas o malas, configuraron lo que tú eres ahora? ¿Qué temas aparecen? ¿Cuáles fueron los puntos de inflexión? ¿Cuáles fueron los momentos que alteraron tu vida?

¿Qué pasaría si cada cosa individual en tu vida —tus talentos, experiencias, virtudes y vicios; tu colección de parientes y amistades— tuviera un propósito? ¿Cuál sería ese propósito?

SUEÑA EN GRANDE

Cuando las personas comunes se atreven a ¡Soñar EN GRANDE!, consiguen el acceso a la grandeza. Alimentadas por sus sueños, encuentran sentido a su existencia y descubren su propio propósito.

Dónde comenzar

1. Apunta a las estrellas

Crea un sueño cuya grandeza sea bastante como para que su poderío pueda funcionar como una fuerza magnética que te hala hacia adelante, a través y alrededor de cualquier obstáculo o tropiezo que pueda aparecer.

2. Escoge algo delicioso

En verdad no importa qué es, siempre que sigas dando los pasos. Lo mismo si se trata de ser la mejor madre que tus hijos pudieran tener, guiar a gente joven en riesgo para que encuentren su derrotero, encontrar una cura para el cáncer de mama, ocupar un trabajo que te permita expresar todo tu talento, figurar en la portada de *Fortune*... ¿Cuál es el sueño que te llama, te mueve, te inspira y, quizá, hasta te asusta?

3. Expresa tu sueño en voz alta

Si quieres conectarte con un campo de fuerza mayor que tú, vas a tener que decirle a alguien qué te propones. Declara tus ambiciones, pero sé prudente acerca de en dónde lo haces y con quién. Comienza donde es más seguro, luego gradúate a donde cuenta.

4. No cedas tus sueños a las circunstancias

¡Soñar EN GRANDE! no quiere decir que tus desafíos serán de menor tamaño. Cada viaje sigue una senda sinuosa con baches y curvas, demoras y obstáculos. Y no hay garantía alguna de que las cosas saldrán de la manera en que *tú* las has planificado. Pero cuando aparezcan los obstáculos, recuérdate de quién te has prometido tú ser en la vida.

RÍNDETE

Quítate de en medio de tu propio camino. Éste no es el momento de ser obcecada o terca. Algunas de nosotras estamos tan apegadas a nuestras ideas de lo que *debería ser* o *será,* que persistimos en conducir por la senda marcada con el rótulo de "Sentido contrario". Y luego insistimos en hacerlo una y otra y otra vez.

Dónde comenzar

1. Cesa de forcejear

Si estás batallando con demasiado empeño, puede que estés haciendo algo incorrecto. En algún momento todo debería convertirse en algo que se lleva a cabo sin esfuerzo alguno; eso no quiere decir que no habrá un trabajo arduo, sino que, sencillamente, que no habrá un esfuerzo duro.

2. No todo debes hacerlo tú

Tu sola fuerza jamás será suficiente. Cuando estés buscando tu propósito, te ocurrirán todo tipo de sucesos no planificados, inesperados y no anticipados. Espera milagros, coincidencias y avances siempre que sigas dando esos pasos.

3. Deja que tu intuición te guíe

Escucha tu corazón y tu espíritu. Escucha tu energía. Toma nota de cuándo te sientes más viva, más vibrante. Ahí es donde yace tu propósito.

- ◆ ¿Estás escuchando los susurros de Dios?
- ◆ ¿Estás desestimando los mensajes que están tratando de mostrarte la senda?
- ◆ ¿En dónde es que sigues estrellándote contra un muro?

- ◆ ¿Dónde es que han sucedido milagros?
- ◆ ¿Has notado los ángeles enviados para ayudarte?
- ◆ ¿Qué puertas se han abierto?
- ◆ ¿Qué puertas se han cerrado?

¡HAZLO REALIDAD AHORA!

Así, pues, ¿cómo lo haces realidad, ahora mismo?

No deberías depender del logro de tus sueños para encontrar la felicidad y la realización, porque podría ser que jamás llegues adonde crees que te diriges.

Hacerlo realidad ahora mismo quiere decir realizar un viaje espiritual, un recorrido de autodescubrimiento durante el cual puedes sentir que se están tocando los acordes de la melodía de tu vida. Y cuando se están interpretando, te conviertes en un instrumento de Dios y de todas las cosas poderosas.

Todo lo que yo había estado buscando estaba justo bajo mi nariz. Yo nací lo suficientemente buena, perfecta, con nada por lo que esforzarme, luchar o probar... ¡y lo mismo sucedió contigo! Llegamos equipadas con todo lo que necesitábamos para experimentar una vida poderosa, repleta de un gran gozo, una pasión increíble, una inventividad interminable y una profunda paz.

La interrogante es la de si nos permitiremos o no vivirla.

Mientras más comprendí esto, más me rendí a esa realidad.

Yo sabía que algo estaba realmente cambiando cuando, en lugar de enfurecerme por las injusticias de la vida —en particular la dolorosa batalla de mi hermano— comencé a buscar las maneras de ser agradecida.

Comencé a apreciar todos los años que mi hermano había vivido más allá de las mejores esperanzas de los médicos, la oportunidad de que él quisiera a mis hijos y de que ellos lo quisieran, la valentía de la que yo había tenido el privilegio de ser testigo, y el maestro que él había sido para mí.

Mientras más me doblegaba, más comencé a experimentar un giro. En medio de una amenaza de bomba en la escuela secundaria de mi hijo, de tres hijos en la pubertad a la vez, de mi endometriosis, de un divorcio, de la noticia de que un primo distante se había autoinfligido un disparo en la cabeza, del cáncer de mi madre y su baja visión a causa del glaucoma, del desafío de mi hermana con su esposo muy enfermo, de la lucha de mi hermano por la vida y del deceso de nuestra amada Abuela Eli, aún sigo encontrando la paz.

Deja que tu sueño te guíe, pero libérate de las expectativas. Para hacerlo realidad ahora, tú tienes que estar dentro del juego de ¡Soñar EN GRANDE! tanto por el placer de la aventura como por el de llegar a la meta.

EXPERIMENTA TU GRANDEZA

¿Qué pasaría si *todos* los seres humanos pudieran experimentar su propia grandeza, vivir su propósito y marcharse, con su potencial plenamente agotado? ¿Qué tipo de mundo crearía eso?

Pregúntate: *¿Qué es lo que mi vida hace posible? ¿Quién podría yo ser por mí misma, por mi familia, por mi comunidad, por mi organización, por mi compañía, por el mundo?*

Qué futuro podrías imaginarte en el que tú:

- ◆ reclamaras tu poder
- ◆ dejaras de luchar contra el miedo
- ◆ tomaras decisiones osadas
- ◆ te concentraras
- ◆ construyeras una red poderosa
- ◆ te enfrentaras a algo o a alguien
- ◆ jugaras por encima de las reglas
- ◆ crearas un portafolio ganador
- ◆ avanzaras a través de los obstáculos
- ◆ te lanzaras

¿Qué propósito podría utilizar cada onza de tu potencial?

Mientras sopesas estas cuestiones y progresas a través de las respuestas, estudia las siguientes palabras, escritas por Marianne Williamson en su libro *A Return to Love* (Una vuelta al amor).

> *Nuestro temor más profundo no es que seamos inade-*
> *cuados.*
> *Nuestro temor más profundo*
> *es que somos poderosos más allá de toda medida.*
> *Es nuestra luz, no nuestra oscuridad,*
> *lo que más nos atemoriza.*
> *Nos preguntamos a nosotras mismas, ¿quién soy yo para*
> *ser brillante,*
> *maravillosa, talentosa y fabuloso?*
> *De hecho, ¿quién eres tú para no serlo?*
> *Tú eres una criatura de Dios.*
> *Tu jugar a ser pequeña no sirve al mundo.*

Nada hay de iluminado acerca de encogerse
a fin de que otra gente
no se sienta insegura en derredor tuyo.
Nacimos para dejar manifiesta
la gloria de Dios que está dentro de nosotros.
No se trata sólo de algunas de nosotras; está en todas
y cuando permitimos que nuestra propia luz destelle,
damos, inconscientemente, a otras personas
el permiso para hacer lo mismo.
A medida que se nos libera de nuestros propios temores,
nuestra presencia libera automáticamente a otras.

Recuerda, sólo hay una de *ti* en la historia del tiempo: una persona con *tu* historia particular y *tus* circunstancias, *tus* desafíos y *tus* lecciones singulares.

Toma tu oportunidad.

Canta tu melodía.

Graba tu marca.

Hoy es el mejor día, y ahora es el mejor momento.

Utilízate bien.

Reconocimientos

Este libro es el resultado de un increíble recorrido propulsado por el amor, el apoyo y la orientación que he recibido de innumerables personas.

Mi más profundo agradecimiento para mi agente y amiga Rusty Robertson, quien creyó en mí desde el primer día. Tu fuerte compromiso, tu ilimitada energía y tu fortaleza de guerrera fueron la roca en la que me apoyé para darle vida a este libro. Eres una mujer extraordinaria.

Y mi más profundo agradecimiento para Lynn Lauber, quien se mantuvo firme cuando todo falló y quien me brindó las experiencias de su vida y su talento para ayudarme a contar mi historia.

Mi afectuoso agradecimiento para Sonja Massie por su espíritu increíble y su orientación durante este proyecto. Hiciste las preguntas correctas, me animaste a confiar en mis propias palabras, y me hiciste reír en los momentos oportunos.

A Dominick Anfuso, gracias por emprender este proyecto. Tu confianza y mano orientadora fueron decisivos. Al equipo editorial de Dream BIG, Bill Shinker, Suzanne Donahue, Carisa Hays y Jenny Dworkin, gracias por ver las posibilidades y por trabajar para darles vida. Y mi gratitud para Rebecca Saletan, por tu apoyo desde el inicio para este libro.

Reconocimientos

A todas las mujeres fantásticas que contribuyeron con sus historias, sobre todo Nancy Archuleta, María de Lourdes Sobrino, Linda Novey White y Mercy Makhalemele, gracias. Su buena voluntad para ayudar a los demás y hacerlo con tanto amor es una inspiración.

A Pat Miller, por recorrer conmigo este camino y prepararme para descubrir mi verdad.

A Jim Sinegal, por creer en mí y por tu apoyo en permitirme probar que yo podía lograrlo.

A Tony Smith, por tu compromiso infatigable, por apoyarme y acompañarme a crear un mundo que todos podamos dejar con orgullo a nuestros hijos.

A Don Soderquist, por escucharme y compartir tu sabiduría, por apoyarme y por defender este proyecto, y por tu compromiso con un liderazgo ético.

A los siguientes individuos increíbles que llegaron a mi vida justo en el momento preciso. Sus palabras y acciones estimulantes me impulsaron a continuar:

Stephanie Abruzia	Brian Connolly
Isabel Allende	Barbara Corcoran
Gina Amaro	Flora Davidson
Bill Blass	Wayne Easterling
Alice Borodkin	Len Edwards
Facundo Bravo	Joe Ettore
Marion Luna Brem	Fred Fernández
Lenny Bruce	Edie Fraser
Aubyn Burnside	Frank Gómez
Christina Caballero	Earl Graves
Anna Carbonell	Leslie Grossman
Vanessa Castagna	Nanci Hartwick

Reconocimientos

George Herrera
Howard Israel
Jesse Jackson
Familia Jaworski
Andrea Jung
Excell Lafayette
Gerald Levin
Elizabeth Lisboa-Farrow
Fred Mandell
John Medina
Helen Meyers
Manuel Mirabal
Dra. Mercedes Montealegre
Rose McElrath-Slade
Nina McLemore
José Niño
Dra. Antonia Novello
Cecilia Pagkalinawan
Bruce Perkins
Coleman Peterson
Ann Portas
Lou Pritchett
Alvin Rohrs

Leila Pérez Ross
Congresista Loretta Sánchez
Erin Saxton
Dra. Adele Scheele
Aida de Soto
Phyllis Street
Celia Swanson
Dennis Swanson
Kathy Thebo
Luz Tirado
Geraldo Rivera
Kathleen Walas
Dottie Walters
Rich Warnat
Juanita Weaver
Edie Weiner
Sheila Wellington
Gobernadora Christine Whitman
Ella Williams
Marianne Williamson
Marian Wright Edelman
Raúl Yzaguirre

A mis maestros a lo largo del camino, por creer en mí antes de que yo pudiera creer en mí misma: Mr. Acevedo, Mrs. Riley, Mrs. Lamb-Armstrong, Mujib, Mr. Sherman, Mr. Freeman, Mr. Bischoff. Por ayudarme en mi trayecto: Dr. Moon, Dr. Kasper y Dr. Lanner-Cusin.

A Mary Higbie, por su ayuda desde el principio a este proyecto. Y a Fran Gellas y Rita Merring, dos de las mejores personas con las que he trabajado jamás. Gracias por su buena voluntad para ordenarlo y terminarlo.

A Morris Shaw y Marcia Taylor, gracias por darme una oportunidad y ayudarme además a lo largo del camino.

A Debbie Derella Cheren, tu fe y amor son un regalo maravilloso.

A las generaciones de mujeres cuyos hombros y sacrificios me sirven de apoyo, sobre todo Emma Rodríguez y Emilia Bernard.

A Abuelita Eli, por compartir tu amor y tu alma generosa conmigo y con los muchachos. Vives en nuestros corazones y en los maravillosos recuerdos que compartimos.

A mi hermana, Dorcas, quien me animó poderosamente a hacer las cosas a mi manera.

A mi hermano, J, por su fortaleza y apoyo.

A mis padres, por su amor, por enseñarme el valor del trabajo arduo y la educación, y por transmitir una cultura tan rica.

A Doreen, por tu amor y comprensión. Eres la mejor amiga que una chica pueda tener.

Y para Steve, por estar siempre allí. Por tu estímulo en cada etapa del recorrido y por tu buena voluntad para avanzar por un nuevo camino.

Y para las tres asombrosas personas a las que tengo tanta suerte de llamar mis hijos. No hubiera podido hacer esto jamás sin la ayuda de ustedes. Gracias por apoyar a Mami en la labor de su vida. Cada momento ha sido más delicioso gracias a que ustedes están presentes en ellos. Los quiero mucho.

Y para las decenas de miles de hombres y mujeres que han compartido sus historias conmigo, su buena voluntad para reclamar su propio poder y grandeza me inspira.

Información sobre contactos con las mujeres sobre las cuales leíste:

Nancy E. Archuleta, CEO/Chairperson
MEVATEC Corporation
1525 Perimeter Parkway, Suite 500
Huntsville, AL 35806
256-890-8000 – Teléfono
256-890-0000 – Fax
nancy.archuleta@mevatec.com
www.mevatec.com

Servicios profesionales en administración de ingeniería, de técnica y de finanzas, y tecnología de información. La base de clientes incluye el Departmento de Defensa de EE.UU., la NASA, estados y municipios, y compañías petroleras. Oradora principal, liderazgo y administración de negocios. Motivadora.

Alice Borodkin, Presidenta, Editora y Jefa de Redacción
Women's Business Chronicle, Inc.
Women's Network
Zenith Woman Magazine
Denver, CO
303-320-1474 –Teléfono
303-320-1494 – Fax
aborodkin@womensbizchronicle.com

Marion Luna Brem, Presidenta/CEO
Love Chrysler, Inc.

4331 S. Staples
Corpus Christi, TX 78411
361-991-5683 – Teléfono
361-991-2351 – Fax
www.LOVECHRYSLER.com

Concesionaria de autos de DaimlerChrysler de cinco estrellas, ganadora de premios, con ventas de y servicios a vehículos de Chrysler, Dodge y Jeep. Oradora principal, motivadora y escritora sobre temas que van desde el cáncer del seno hasta ser mujer en una industria dominada por los hombres.

Aubyn C. Burnside, CEO/Fundadora
Suitcases For Kids (Maletines para Niños)
P.O. Box 1144
Hickory, NC 28603
828-328-7338 – Fax
www.suitcasesforkids.org

A los 10 años, Aubyn concibió y fundó esta organización internacional sin fines lucrativos que tiene capítulos activos en los 50 estados y en otros 23 países. Aubyn pertenece a 4-H, las Girl Scouts y a grupos juveniles de su iglesia. Con 17 años ahora, ella ofrece muchos discursos motivacionales y está disponible internacionalmente para presentarse en reuniones de cualquier amplitud o edad.

Barbara Corcoran, Chairman y Fundadora
The Corcoran Group
660 Madison Avenue
11th Floor
New York, NY 10021
212-355-3550 – Teléfono
212-303-9711 – Fax
www.corcoran.com

The Corcoran Group Real Estate fue fundado en 1973. Con más de 550 agentes, US$2.000 millones en ventas anuales y 10 oficinas, The Corcoran Group es la firma de bienes raíces de propiedad privada más grande de Manhattan. Corcoran.com fue fundado en 1995 y ha crecido hasta convertirse en la fuente de propiedades inmobiliarias de lujo más amplia del mundo, con representación en más de 100 países. Barbara Corcoran es considerada como la voz de los bienes inmobiliarios de lujo de Nueva York, y sus comentarios son buscados diariamente por consumidores, agentes, analistas y los medios de difusión.

Mercy Makhalemele, Fundadora
Sisters in Action Center
P.O. Box 18217
Dalbridge 4014
Durban, Sudáfrica
08-3-331-7495 – Teléfono
mwmakhal@yahoo.com

Sisters in Action (Hermanas en Acción), también llamada Ubumbano LoMama (mujeres que trabajan juntas), en asociación con AIDSLINK, una de las más antiguas organizaciones de servicio para el sida en Sudáfrica, proporciona talleres educativos y crea proyectos de desarrollo comunitario para ayudar a mujeres que son VIH-positivas y a mujeres que están afectadas por el VIH.

Sisters in Action fue esencial en la organización de una conferencia por satélite sobre mujeres y VIH durante la XIII Conferencia Internacional de Sida, en Durban, Sudáfrica.

Para ayudar: envía fondos o pide una lista de los suministros que se necesitan.

Rose McElrath-Slade, Presidenta y CEO
Strategic Resources, Inc.
7700 Leesburg Pike, Suite 108
Falls Church, VA 22043
703-749-3040 – Teléfono
703-749-3046 – Fax
rslade@sri-hq.com
www.sri-hq.com

Strategic Resources, Inc. (SRI), es una compañía internacional, certificada ISO 9001, que se especializa en servicios de consultoría de administración, tecnología de información, telecomunicaciones y logística/ingeniería. Sus clientes incluyen la FDA, los departamentos nacionales de Educación, Asuntos de Veteranos, el Ejército y la Marina, Computer Science Corporation (CSC),

Freddie Mac, SAIC, MCI y otras agencias federales y compañías de la lista de 500 de *Fortune*.

SRI ha sido clasificada repetidamente entre los negocios de más rápido crecimiento y ha sido reconocida por los clientes por la excelencia de los servicios que ofrece.

Pat Miller
Mission Possible, Inc.
1300 Pasadena Ave NE
Atlanta, GA 30306
404-873-2442 – Teléfono
404-873-2525 – Fax
pat@missionpossibleinc.com
www.missionpossibleinc.com

Entrenadora internacional y consultora en liderazgo ejecutivo y empresarial, desarrollo organizativo y profesional. Mission Possible presta servicios a personas así como a organizaciones grandes y pequeñas para "hacer posible su misión… para ayudarlas a recordar su grandeza… para liberar su genialidad… para convertir su potencial en realización, creando y llevando a la realidad las posibilidades de que son capaces".

Linda Novey White, CEO/Fundadora
Linda Novey Enterprises, Inc.
5778 Carriage Drive
Sarasota, FL 34243
941-351-1557 – Teléfono
941-351-1735 – Fax
www.lindanovey.com
www.novey.cc

Consultores internacionales en las áreas de servicios a los clientes, entrenamiento y motivación de personal, servicios anónimos de auditoría y planeamiento estratégico. Clientes como Ritz-Carlton, Peninsula, Neiman Marcus, Beverly Hills Hotel y Wall Street bankers han usado los servicios de la compañía para mejorar su desarrollo de base. Oradora principal, motivadora, humorista.

Cecilia Pagkalinawan, CEO/Fundadora
Boutique Y3K, Inc.
275 Seventh Ave

25th Floor
New York, NY 10001
212-727-0520 – Teléfono
212-727-3697 – Fax
Cecilia@boutiqueY3K.com
www.boutiqueY3K.com

Boutique Y3K es una importante firma de consultoría de comercio y mercadeo a través de la Internet, especializada en entretenimiento, medios de difusión, moda y artículos y servicios de lujo. Clientes como NineWest, BabyGear, Jones Apparel Group, Furla y Showbees han usado los servicios de la compañía para desarrollar sus negocios de Internet.

Rusty Robertson, Presidenta y Fundadora
RPR & Associates
3556 Sweetwater Mesa Road
Malibu, CA 90265
310-317-0355 – Teléfono
310-456-7554 – Fax
2rpr@bigplanet.com

Durante más de 30 años RPR & Associates ha promovido exitosamente en el mercado una variada serie de compañías, celebridades y autores. Listada entre los "100 Top Marketers" de la revista *Advertising Age*, esta firma de mercadeo y relaciones públicas se especializa en desarrollo de productos, marcando y solidificando las vías de distribución.

Congresista Loretta Sánchez
U.S. House of Representatives
Washington, DC 20515
202-225-2965 – Teléfono
202-225-5859 – Fax
Loretta@mail.house.gov
www.house.gov/sanchez
Oficina distrital: Garden Grove
Teléfono distrital: 714-621-0102

María de Lourdes Sobrino, Presidenta & CEO
Lulu's Dessert/Fancy Fruit Corporation
5452 Oceanus Drive

Huntington Beach, CA 92649
714-895-5483 – Teléfono
714-373-2350 – Fax
mariasobrino@lulusdessert.com
mariasobrino@fancyfruit.com
www.fancyfruit.com
www.lulusdessert.com

Durante más de 18 años Lulu's Dessert Factory y Fancy Fruit Corporation han creado, fabricado y vendido exitosamente una línea completa de postres, sobre todo porciones individuales de gelatina lista para comer y barras de frutas congeladas 100 por ciento naturales de Kosher y Halal.

Phyllis Street, artista plástica
Purely Appalachia Craft Empowerment (PACE) Program
409 E. Front Street
P.O. Box 1458
Coeburn, VA 24230
(540) 395-5160 – Teléfono
(540) 395-7804 – Fax
pace@naxs.net
www.purelyappalachiacrafts.com

PACE es una organización de mercadeo sin fines lucrativos, para artesanos del área de yacimientos de carbón (y sitios aledaños) del suroeste de Virginia. El programa se esfuerza por conservar y perpetuar la herencia artesanal de los Montes Apalaches. Los artistas usan métodos y materiales tradicionales para producir artesanías de calidad, las que incluyen (aunque sin limitarse sólo a ellas) alfarería, carpintería, fibras, tejidos, edredones, cestería, juguetería y escobas.

Información de contactos con las organizaciones sobre las cuales leíste:

Business Women's Network (BWN)
1146 19th Street NW
3rd Floor
Washington, DC 20036
Edie Fraser, Presidenta
202-466-8209 – Teléfono
202-833-1808 – Fax
Edie@BWNi.com
www.BWNi.com

La Business Women's Network (Red de Mujeres Empresarias), fundada en 1993, actúa como una organización sombrilla para unir, poner en contacto y promover más de 6.000 organizaciones y sitios del Web de organizaciones profesionales de negocios. BWN produce el *BWN Directory,* el *Calendar of Women's Events* y *Women and Diversity WOW! Facts* en papel impreso y en la Internet. Esto incluye una compilación de recursos para mujeres con nivel de *college* con información sobre becas de internas, tutoría y alternativas vocacionales.

Children's Defense Fund
25 E. Street NW
Washington, DC 20001
202-628-8787 – Teléfono

202-662-3510 – Fax
cdfinfo@childrensdefense.org
www.childrensdefense.org

"La misión del Children's Defense Fund (Fondo de Defensa Infantil, CDF) es 'No dejar a ningún niño abandonado' y asegurarles un comienzo saludable, una ventaja, un comienzo justo y seguro, un comienzo moral en la vida y un tránsito exitoso hacia la edad adulta con la ayuda de familias y comunidades que se preocupen por ellos". CDF, que comenzó en 1973, es una organización privada, sin fines lucrativos, mantenida por fundaciones y donaciones corporativas e individuales.

The Committee of 200
625 North Michigan Avenue, Suite 500
Chicago, IL 60611-3108
312-751-3477 – Teléfono
312-943-9401 – Fax
www.c200.org

The Committee of 200 (El Comité de las 200) es una organización profesional de destacadas mujeres de negocios. Su misión es "ejemplificar y promover la vocación empresarial y el liderazgo corporativo entre las mujeres de esta generación y la siguiente". The Committee of 200 también tiene una Fundación con tutoría, becas e iniciativas de mayor alcance dirigidas a las nuevas empresarias y las estudiantes de negocios.

Count Me In for Women's Economic Independence
22 West 26th Street, Suite 9H
New York, NY 10010
212-691-6380 – Teléfono
info@count-me-in.org
www.count-me-in.org

Count Me In (Cuenta Conmigo) es una organización de préstamos y aprendizaje, sin fines lucrativos, que colecta dinero para hacer préstamos entre 500 y 10.000 dólares para mujeres cualificadas que no tienen a quien recurrir para ese esencial primer préstamo de negocios. Son los primeros microprestamistas a través de la Internet, y usan un sistema de puntuación de créditos más apropiado para la mujer, tomando en consideración diferentes situaciones de la vida. Tú puedes hacer una contribución o solicitar un préstamo en su sitio del Web, o llamándoles o escribiéndoles.

Million Mom March
National Office
San Francisco General Hospital
San Francisco, CA 94110
415-821-8200 – Teléfono
888-989-MOMS – Llamada gratis
415-821-5811 – Fax
national@millionmommarch.org
www.millionmommarch.com

La Million Mom March (Marcha del Millón de Mamás) es una organización national de origen popular y formada por capítulos, dedicada a prevenir las muertes y las heridas por disparos, y a ayudar a las víctimas y los sobrevivientes del trauma causado por las armas de fuego. Trabajan por la adopción de leyes sensatas sobre las armas de fuego.

National Association of Women Business Owners (NAWBO)
1411 K Street NW, Suite 1300
Washington, DC 20005
202-347-8686 – Teléfono
202-347-4130 – Fax
national@nawbo.org
www.nawbo.org

La National Association of Women Business Owners (Asociación Nacional de Propietarias de Empresas, NAWBO) es una organización nacional mantenida por sus miembros, que representa los intereses de las mujeres propietarias de negocios en todo tipo de industrias a lo largo de Estados Unidos. Ser miembro de ella puede expandir las oportunidades de tu negocio al brindarte acceso a las personas, apoyo y recursos adecuados. Para encontrar un capítulo local u obtener más información, ponte en contacto con la dirección anterior.

National Puerto Rican Coalition (NPRC)
1700 K Street NW, Suite 500
Washington, DC 20006

202-223-3915 – Teléfono
202-429-2223 – Fax
www.bateylink.org/about.htm

La misión de la National Puerto Rican Coalition (Coalición Nacional Puertorriqueña, NPRC) es fortalecer y mejorar sistemáticamente el bienestar social, político y económico de los puertorriqueños a través de todo Estados Unidos y en Puerto Rico, enfocándose especialmente en los más vulnerables. NPRC trabaja a través de una red nacional de cientos de organizaciones con base en las comunidades.

NJ Advisory Commission on the Status of Women
Division on Women
New Jersey Department of Community Affairs
101 South Broad Street, Box 801
Trenton, NJ 08625
609-292-8840 – Teléfono
609-633-6821 – Fax

La misión de la New Jersey Advisory Commission on the Status of Women (Comisión de Nueva Jersey sobre la Situación de las Mujeres) es aconsejar a la División sobre la Mujer acerca de las necesidades y las preocupaciones de todas las mujeres de Nueva Jersey; y defender, promover y apoyar la igualdad para la mujer. La mayoría de los estados tienen una comisión sobre la situación de las mujeres, la cual puede ser una fuente completa de ayuda y recursos locales. Chequea en la Internet o en tus páginas amarillas locales.

Oseola McCarty Scholarship Fund
University of Southern Mississippi
Public Relations
Box 10026
Hattiesburg, MS 39406
601-266-4491 – Teléfono
601-266-5347 – Fax
www.pr.usm.edu/oolamain.htm

Para contribuir u obtener más información acerca del Fondo de Becas Oseola McCarty, ponte en contacto con la dirección anterior.

Students in Free Enterprise (SIFE)
The Jack Shewmaker SIFE World Headquarters
1959 E. Kerr Street
Springfield, MO 65803-4775
800-677-SIFE – Teléfono
417-831-6165 – Fax
sifehq@sife.org
www.SIFE.org

Fundada en 1975, Students in Free Enterprise (Estudiantes en el Empresariado Libre, SIFE) es una de las organizaciones de libre empresa, sin fines lucrativos, más grandes del mundo. Activa en más de 800 recintos de *colleges* en 20 países, la misión de SIFE es proporcionar a los estudiantes de *college* la mejor oportunidad para hacer una labor importante y para desarrollar liderazgo, trabajo en equipo y habilidades de comunicación a través del aprendizaje, la práctica y la enseñanza de los principios de libre empresa. Los equipos de SIFE enseñan conceptos de negocios tales como presupuesto, contabilidad y oferta y demanda. Ellos ayudan a que los empresarios novatos pongan en marcha sus planes, y dan tutoría a estudiantes con problemas, inspirándoles a que hagan realidad sus sueños.

United States Hispanic Chamber of Commerce (USHCC)
2175 K Street NW, Suite 100
Washington, DC 20037
202-842-1212 – Teléfono
202-842-3221 – Fax
www.ushcc.com

La misión de la United States Hispanic Chamber of Commerce (Cámara de Comercio Hispana de Estados Unidos, USHCC) es defender, promover y facilitar el éxito de los negocios hispanos. La USHCC, una organización que incluye a cerca de 250 cámaras por todo Estados Unidos, promueve activamente el crecimiento económico y el desarrollo de los empresarios hispanos. Para más información sobre una variedad de programas, que incluyen oportunidades de adquisición, acceso a capital, certificación SDB y oportunidades empresariales para jóvenes, visite su sitio del Web.

United States Small Business Administration
409 Third Street SW
Washington, DC 20416
202-205-6673 – Teléfono
202-205-7064 – Fax
800-U-ASK-SBA – Llamada gratis al buró de respuestas de SBA
704-344-6640 – TDD
www.sba.gov
www.sba.gov/womeninbusiness

La United States Small Business Administration (Administración de Pequeños Negocios de Estados Unidos, USSBA) proporciona "ayuda financiera, técnica y administrativa para ayudar a los estadounidenses a comenzar, dirigir y desarrollar sus propios negocios". Sus servicios son demasiado numerosos para listarse aquí, pero incluyen consejería de negocios, préstamos garantizados por el gobierno y capital. Además, tienen más de 65 Centros de Negocios para Mujeres por todo el país, los que proporcionan ayuda en todos los aspectos de la propiedad de negocios.

Wal-Mart Minority/Women-Owned Business Development Program
Wal-Mart Stores, Inc.
702 Southwest 8th Street
Bentonville, AR 72716
Contacto: Excell Lafayette, Jr.
501-277-1766 – Teléfono
501-277-2532 – Fax
elafaye@wal-mart.com

Si estás interesada en convertirte en suministradora de Wal-Mart y eres propietaria de un negocio de minorías y/o de propiedad femenina, debes presentar tu solicitud en el Wal-Mart Minority/Women-Owned Business Development Program (Programa de Desarrollo de Negocios de Minorías & de Propiedad Femenina de Wal-Mart). El programa exige que estés certificada o en el proceso de certificación a través del Concejo Nacional de Desarrollo de Suministradores Minoritarios o el Concejo Nacional de Empresas de Negocios de Mujeres.

La mayoría de las corporaciones grandes
tienen iniciativas parecidas.
Para saber más sobre esto, visita sus sitios corporativos en el Web.

The Women's Alliance
2650 SW 27th Avenue, Suite 202
Miami, FL 33133
305-762-6400 – Teléfono
305-444-3778 – Fax
info@thewomensalliance.org
www.thewomensalliance.org/members.htm

Como puente hacia la oportunidad y la independencia, The Women's Alliance (la Alianza de Mujeres) es una alianza, sin fines lucrativos, de organizaciones independientes con bases comunitarias que aumenta la empleabilidad de mujeres de bajos ingresos al porporcionales ropas profesionales, entrenamiento en habilidades vocacionales y una serie de servicios de apoyo, desde atención dental hasta programas de salud y bienestar.

Cómo ayudar: Abre tu billetera, limpia tu armario, haz labor voluntaria, lanza tu propio programa, díselo a una amiga, organiza una recolección de accesorios en tu oficina.

Women Presidents Organization (WPO)
598 Broadway
6th Floor
New York, NY 10012
212-941-8510 – Teléfono
212-941-9575 – Fax
info@womenpresidentsorg.com
www.womenpresidentsorg.com

La Women Presidents Organization (Organización de Mujeres Presidentas, WPO) es un exclusivo grupo consultivo entre colegas para el desarrollo profesional de empresarias exitosas. Cada miembro de WPO ha satisfecho ya el desafío de guiar una empresa hasta ventas anuales de por lo menos US$2 millones (si depende de productos), o US$1 millón (si depende de servicios). Las reuniones son coordinadas por una facilitadora profesional.

Women's Venture Fund, Inc.
240 West 35th Steet, Suite 201
New York, NY 10001
212-563-0499 – Teléfono
212-868-9116 – Fax

info@womensventurefund.org
www.womensventurefund.org

El Women's Venture Fund (Fondo Empresarial para Mujeres, WVF) es una organización sin fines lucrativos dedicada al desarrollo de pequeños negocios propiedad de mujeres, al combinar entrenamiento, financiamiento y tutoría. WVF ofrece micropréstamos de hasta US$15.000 a mujeres de bajos ingresos en comunidades provistas con recursos inadecuados, solamente en la ciudad de Nueva York. Ayudan a las mujeres que son incapaces de obtener préstamos a través de instituciones financieras tradicionales. WVF tiene muchos recursos exteriores a los que pueden referirte si tienes un negocio fuera de la ciudad de Nueva York.

ACERCA DE ABUSO SEXUAL INFANTIL:

La Academia Estadounidense de Pediatría informa que el abuso sexual es "más común de lo que la mayoría de las personas se imagina. Por lo menos 1 de cada 5 mujeres adultas y 1 de cada 10 hombres adultos informan haber sido víctimas de abuso sexual en la infancia". Al educarte mejor a ti y a tus hijos, puedes prevenir que suceda y lidiar mejor con eso si sucede.

Para más información, por favor ponte en contacto con

Prevent Child Abuse America
P.O. Box 2866
Chicago, IL 60604-2404
312-663-3520 – Teléfono
312-939-8962 – Fax
800-556-2722 – Línea gratis de información
www.preventchildabuse.org

ACERCA DE CONVERTIRTE EN DONANTE DE ÓRGANOS:

Actualmente, más de 65.000 estadounidenses están esperando un trasplante de órganos que les salvará la vida. Trágicamente, cada día 12 personas morirán mientras esperan. Y cada 16 minutos otro nombre se añade a la lista de espera. Afortunadamente, un donante puede ayudar a más de 50 personas necesitadas.

Para ayudar, puedes ponerte en contacto con tu coalición local para obtener una tarjeta de donante, o llama para pedir un folleto gratis sobre donaciones marcando 1-800-355-SHARE.

Coalition on Donation
1100 Boulder Parkway, Suite 500
Richmond, VA 23225-8770
804-330-8620 – Teléfono
804-330-8593 – Fax
www.shareyourlife.org

PARA OBTENER INFORMACIÓN SOBRE SALUD MENTAL:

Para obtener materiales gratis sobre una variedad de temas de salud mental y referencias a organizaciones locales y grupos de apoyo, ponte en contacto con:

National Mental Health Association (NMHA)
1021 Prince Street
Alexandria, VA 22314-2971
703-684-7722 – Teléfono
703-684-5968 – Fax
800-969-NHMA – línea gratis de información
800-433-5959 – línea TTY
www.nmha.org

Índice

Índice

Índice

Índice

Índice

Índice

Índice

Índice

Índice

Indice

Acerca de la autora

DEBORAH ROSADO SHAW es una empresaria galardonada, oradora principal, líder comunitaria y madre de tres niños.

Sus estrategias para el éxito han sido presentadas en *Business Week, Forbes, USA Today* y en CNN y NBC. Los logros de la señora Shaw han sido usados como estudio de caso práctico en varios libros de texto de enseñanza.

La señora Shaw aconseja a los CEO y altos ejecutivos de varias compañías minoristas, bancarias y de alimentos que pertenecen al grupo de Fortune 100, acerca de temas que van desde mercadeo hasta diversidad. También ha sido nombrada dos veces comisionada en la Comisión de Nueva Jersey sobre la Situación de las Mujeres.

La señora Shaw, oradora internacional acerca de temas del logro de poder personal, estrategia de negocios y espíritu empresarial, ha inspirado a decenas de miles de personas de todas las procedencias.

Ella es fundadora de Dream BIG! Enterprises, LLC, y fundadora y CEO de Umbrellas Plus, LLC, empresa multimillonaria de ventas al por mayor e importadora de accesorios de moda y relacionados al sol. Sus clientes han incluido Avon, Costco, Kraft General Foods, Toys "R" Us y Wal-Mart.

La señora Shaw vive en Nueva Jersey con su familia.

¡A Deborah le encantaría saber de ti!

Para compartir una historia de éxito o tus comentarios, por favor envía un e-mail a:

deb@edreambig.com

Además, si quisieras:

- enviar una historia para que sea incluida en un próximo libro de ¡Sueña en GRANDE! (Dream BIG!)
- participar para ganar el concurso de ¡Sueña en GRANDE!
- obtener información para reservar la participación de Deborah en tu próximo evento
- enterarte de cuándo la gira de ¡Sueña en GRANDE! va a una ciudad cercana a la tuya
- obtener la lista de lecturas recomendadas por Deborah
- añadir tu nombre a la lista de correos de ¡Dream BIG!

TE INVITAMOS A QUE VISITES NUESTRO SITIO WEB EN:

www.edreambig.com

O COPIA ESTA PLANILLA Y ENVÍALA POR CORREO A:

Dream BIG! Enterprises, LLC
P. O. Box 100
Chester, NJ 07930

Nombre (en letra de molde, por favor)...

Dirección..

Ciudad .... Estado .... Código postal ....

Número de teléfono..

Dirección de e-mail ....